Erwin Grosche · Warmduscher-Report

Warmduscher-Report

Über das Öffnen einer Dose
bis zur Erschließung des Weltraums

von Erwin Grosche

Inhalt

Über das Abenteuer oder Café Schirocco

für Rüdiger Nehberg

Es regnete, und ich hab so einen Hunger gehabt. Nichts war da, was man essen konnte. Ich dachte schon, ich mache mir einen Rüdiger-Nehberg-Salat. Sie wissen schon, einen proteinreichen Silberfischsalat mit vitaminhaltigen Kellerasseln, garniert mit im Schneckenschleim überbackenen Kleidermotten. Ein Überlebensdressing also, welches sich nur ein ehemaliger Bäckermeister ausdenken konnte. Also jemand, der so lange im Schlemmerland geschleckt hat, dass er selbst vor Wolfram Siebeck am Tisch sich die Finger leckt, wenn sich eine Spinne im Vertrauen auf den durch sie ausgelösten Ekel vor ihm abseilt und dann doch aufgefuttert wird.

Wenn sich mir eine Kellerassel zeigt, darf sie sich nicht wundern, wenn ich sie nicht mag. Mit Rüdiger Nehberg geht es mir genauso. Ich mag den Überlebenskünstler am liebsten, wenn ich ihn nicht sehe. Ich meine, wer will Rüdiger Nehberg am Amazonas im Speiserestaurant treffen und der macht sich silberfischüberdrüssig über Ihren Goldhamster her. Warum macht er sich nicht hier nützlich und isst Mücken, Stechbienen, Zecken und anderes Ungeziefer aus deutschen Landen, anstatt woanders freiwillig auf frische Brötchen zu verzichten. Eine Wildnis ohne die Annehmlichkeiten der Zivilisation käme mir persönlich gar nicht in die Tüte. Ich sage nur Instant-Suppen. Man sollte gerade in der Wildnis auf einen gewissen Lebensstandard achten und sich niemals dazu hinreißen lassen, mit Lianen, und dann womöglich noch in kurzen Hosen, zu reisen, wenn man gleichzeitig eine Bahncard 1. Klasse hat. Das Reisen mit der Deutschen Bundesbahn gehört doch zu den letzten großen Herausforderungen des modernen Abenteurers. Haben Sie schon mal einen Wackelpeterpudding im Zugrestaurant gegessen? Ich sage Ihnen was, da bleibt kein Auge trocken.

»Hinterlassen Sie die Zugtoilette bitte so, wie Sie sie vorzufinden wünschen.«

»Kein Problem«, sagte der Graffitisprayer, »prima Anregung«, und legte los.

Überhaupt, ein Abenteurer, der dauernd überlebt, macht der nicht irgendetwas falsch oder riskiert einfach zu wenig? Gibt es etwas Anrüchigeres als einen in Würde ergrauten Abenteurer, an dem noch alles dran ist? Fährt man inzwischen in das Abenteuer mit einem Skilift?

Hat ein Abenteurer inzwischen eine höhere Lebenserwartung als ein Gesamtschullehrer?

Bekommt man inzwischen das Abenteuer zu Weihnachten geschenkt und es macht »BU BU!« wenn man es auspackt?

Wenn der Abenteurer bei seinen Abenteuern gefilmt wird, muss die Filmcrew sich auch von Regenwürmern ernähren, obwohl sich inzwischen an jeder Ecke ein McDonalds befindet?

»Wo mehr als zwei oder drei in meinem Namen versammelt sind, da bin ich mitten unter ihnen.«

Herr Nehberg sollte mal versuchen, mit einem Kind an einem Süßigkeitenständer vorbeizukommen. Das sind Abenteuer!

Die letzten Wilden arbeiten im Finanzamt Paderborn und ziehen ihren Feinden bei lebendigem Leibe die Haut ab.

Er sollte mal bei mir zu Hause vorbeikommen, bevor ich mit dem Aufräumen anfange, da bekommt die Wildnis eine neue Dimension. Wenn er sich traut, darf er sogar mithelfen.

Er sollte mal beim Frühstück mit meiner Frau vergessen, das Marmeladenglas wieder zuzudrehen. Das sind Abenteuer!

Ich kenne eine Politesse, die ist jetzt Abenteurerin geworden und parkt selbst falsch. Man kann schon was machen, selbst im Kleinen.

Ich zum Beispiel putze mir jetzt jeden Morgen mit Elmex die Zähne und abends mit Aronal. Ich sag Ihnen was, so ein Tag beginnt doch ganz anders, wenn man vorher was riskiert hat. Ich habe jetzt gelesen, dass Dr. Best gestorben ist. Da dachte ich auch, nur allein mit Zähneputzen ist es nicht getan.

Ist es nicht pure Feigheit, wenn ein Abenteurer einen Diavortrag über die unberührte Wildnis in der VHS Detmold zeigt?

O.K., er musste vorher am Hausmeister vorbeikommen, aber ansonsten: Überleben light in Detmold? Müsste er sich nicht das Hemd vom Körper reißen lassen, um die Eindrücke seiner letzten Reise auf seinen Oberarmen zu präsentieren? »Und das, meine Damen und Herren, sind die Tattoos, die man nur ab 18 Jahren sehen darf. Treten Sie bitte einzeln in die Kabine, und rechnen Sie mit dem Schlimmsten!«

Und dann: »Hier sehen Sie den Eisbären als Tattoo im aggressiven Zustand, meine Muskeln sind gespannt. Nun lockere ich meine Muskeln, und wir sehen den gleichen Eisbären, nun als Häufchen Elend, als ich mit ihm fertig war.«

Und wissen Sie, ich weiß wovon ich rede. Der erste gepiercte Typ, mit dem ich zusammen war, war mein Teddy von Steiff. O.K., das wilde Tier in mir ist ein Kaninchen, aber ein betrunkenes und ganz tief gesunkenes. Wissen Sie, ich war mal Rausschmeißer in einem Flohcircus, mir tanzt keiner mehr auf dem Kopf herum. Einmal traf ich eine Frau, die wirklich gut kochen konnte. Wir beschlossen als erstes, zusammen alt zu werden. Das ist ein Abenteuer, zumal ich schon damals doppelt so alt war wie sie. Zum Glück hatte ihr Vater ein Frühstückslokal mit durchgehend warmer Küche, CAFÉ SCHIROCCO, da zog es immer wie Hechtsuppe.

Man ist kein Abenteurer, man wird es. Die Reinheit und Unschuld des Abenteuers verlangt es, dass niemand freiwillig in ein Abenteuer stürzt. Das Abenteuer stürzt sich nämlich auf ihn und macht aus einem harmlosen Grundschullehrer einen Harrison Ford, der dabei so über sich hinauswächst, dass er das Leben der Sportlehrerin rettet, indem er ihr die Abschlusszeugnisse der 13. Klasse herüberreicht, als sie mal wieder ohne Klopapier auf dem WC sitzt und sich zu Tode schämt wie ein I-Männchen.

Zum Glück sind wir alle Allesfresser. Der Allesfresser frisst nicht nur alles, sondern kann auch selbst gefressen werden. Der Allesfresser ist eine mögliche Nahrung für einen anderen Allesfresser. Zum Glück sind die Geschmäcker verschieden. Ich erinnere nur an Rüdiger Nehberg, der isst auch Maden im Speck, der mag sogar Bademeister nach einem Sonnenbad, wenn sie noch nach Nivea riechen. Wenn hier jemand nicht ausstirbt, dann ist es der Allesfresser, dann ist es Rüdiger Nehberg, außer er frisst alles mehr auf, als er zum Leben braucht, dann muss er sich am Ende selbst auffressen, bis er selbst ganz alle ist, dann gibt es am nächsten Tag auch schönes Wetter. Nur für wen?

Über quietschende Türen

Wir haben eine Haustür, die quietscht. Sie lässt sich schwer öffnen und quietscht dabei. Sie quietscht nicht nur dabei, sie schnarrt, sie motzt, verweigert sich und heult. Gerade Frauen verzeihen nicht der Türe Klang, als mache sich einer über sie lustig, als äffe man ihren Laut nach, wenn sie Mäusen entfliehen und auf Tische steigen. Schwer zu öffnende Türen wirken ungastlich, als hätte jemand ungern Besuch und verließe selbst nur sein Heim unter Stöhnen. Eine schwer zu öffnende Tür ist eine Barrikade, ein Gitter zu einer schwer einzunehmenden Festung. Man wendet sich davon ab und spricht Sätze wie Zaubersprüche, als würde sich dadurch die Tür leichter öffnen und Blicke freigeben auf Gold und Silberkram:

»Was kann ich denn dafür, dafür,
wenn laut quietscht meine Tür, die Tür,
wenn ich nur schnell den Schlüssel find',
dann öffnet sich die Tür geschwind«

Meine kleine Tochter bekommt die Tür alleine nicht auf, was auch Vorteile hat. Ekkehard, der Riese, stößt sie jedesmal mit dem Fuß auf und erzählt mir dann lang und breit, was man dagegen tun kann. Dabei hat er zu Hause selbst eine quietschende Tür und lässt sie getrost quietschen.

»Ich möchte heute nicht über meine quietschende Tür reden«, rufe ich manchmal aus, wenn ich schlechte Laune habe, und alles ausschließen möchte, was meine schlechte Laune noch verstärken könnte. Ungebetene Vertreter bekommen ein Strahlen auf dem Gesicht, wenn sie mit einem Antiquietscheöl vor unserem Haus herumlungern und von unserer Tür so lauthals begrüßt werden. Doch unsere Tür braucht kein Antiquietscheöl, unsere Türöffnung braucht eine neue Tür. Stellen Sie sich doch einmal vor, wie unsere quietschende Tür dauernd die Nachtruhe stört und uns an unsere Ängste erinnert? Manchmal hebe ich nach durchzechter Nacht mühsam die Tür an und hoffe dadurch, ihr Quietschen zu vermeiden. Wer will schon Frau, Kind und Maus im Reich der Träume stören? Aber die Haustür ist schwer, ihr Anheber in der Anhebeleistung beeinträchtigt, und geräuschlos kommt nur der Tod im Schlaf vorbei.

Wir wohnen jetzt schon fünf Jahre in diesem Haus und kennen diese Tür nicht anders, als dass sie quietscht. Obwohl ich regelmäßig im Herbst den Vermieter darauf hinweise, dass unsere Haustür quietscht, und er mir regelmäßig im Herbst verspricht, die Haustür reparieren zu lassen, passiert nichts. Inzwischen verändert sich ihr Quietscheton den Jahreszeiten entsprechend. Es kann sogar vorkommen, dass sich unsere Haustür in einem trockenen heißen Sommer leicht und geräuschlos öffnen lässt, als wisse sie, was man von ihr als Tür erwartet. Gestern rief mich mein Vermieter an und stellte mir die lang versprochene neue Tür in Aussicht. Ich habe dann nachgedacht und (meine Frau wird mich erschlagen) das Angebot abgelehnt. Ich möchte keine neue Tür mehr sich verziehen sehen. Ich liebe unsere alte quietschende Haustür. Sie erspart mir den Wachhund und verschreckt übertrieben empfindliche Menschen, die angeblich keine hohen Töne vertragen können, dies aber dann in einem so hohen Tonfall äußern, dass meine Gläser zerspringen und ich froh bin, ein solches Hindernis am Eingang des Paradieses zu wissen. Meine Familie schläft inzwischen sogar besonders gut, weil unsere Tür so quietscht, und würde wahrscheinlich schlagartig erwachen, wenn unsere Tür auf leisen Sohlen daherkäme. Wenn meine Tochter nachts nicht schlafen kann, renne ich zu unserer Tür hin und quietsche ihr ein Lied vor. Ich erkenne den Fluss der Zeit und das Aufhalten in Jahreszeiten an ihren manchmal klagenden, aber auch jubilierenden Seufzern. Sie ist allen Ankommenden Anlass zu einem ersten Kommentar und erinnert die Scheidenden daran, dass sie uns zurücklassen in unserem Schmerz und wir auf ihr Wiederkommen hoffen. Und wissen Sie was: Gestern morgen stand ich auf und streckte mich, da habe ich auch gequietscht.

Über Tischdeckenbeschwerer

Ich kaufte mir mal in München vier Tischdeckenbeschwerer. Ich entschied mich für vier Obsttischdeckenbeschwerer, die als Banane-, Traube-, Apfel- und Orangengewichte zwar sehr kitschig aussahen, aber irgendwie in ihrer ausgefallenen Form und Buntheit von ihrer wahren tristen Funktion ablenkten. Wer beschwert schon gerne etwas, was ansonsten fortfliegen würde? Ich hatte bei meinem Münchenaufenthalt noch kein Geschenk für meine kleine Tochter gefunden und wusste noch aus meiner Kindheit, dass ich sehr gerne mit Tischdeckenbeschwerern gespielt habe. Warum also nicht das Praktische mit dem Nützlichen verbinden? Man kann doch auch mal etwas schön finden, was durchaus praktischen Nutzen hat? Ich habe im Garten einen Tisch stehen, dessen Tischdecke immer ein Spielball des Windes war. Immer, wenn ich aus der Terrassentür auf meinen Garten schaute, war mir die verschobene Tischdecke ein Dorn im Auge. Das sollte sich mit meinen Tischdeckenbeschwerern ändern. Wieder zu Hause angekommen, wartete ich ab, bis meiner Tochter das Spielen mit den Obstgewichten langweilig wurde. Danach ging ich in den Garten und drapierte meine vier Obstgewichte an den vier Seiten meiner Tischdecke. Das Ganze sah gut aus, und ich glaubte endlich, mein Problem in den Griff zu bekommen.

Sie können sich vorstellen, wie enttäuscht ich war, als schon nach kurzer Zeit die Tischdecke wieder verschoben und umgeklappt in meinem Blickfeld auftauchte. Sie können sich vorstellen, wie mehr ich noch enttäuscht war, als ich daraufhin das Apfelgewicht und die Traubenbeschwerung auf dem Boden, im Gras, wiederfand. Die Tischdeckenbeschwererhalterungen hatten versagt. Sie waren dem Wind in die Hände gefallen, ohne ihm Paroli zu bieten. Verzweifelt suchte ich nach Erklärungen und Entschuldigungen. Vielleicht waren die Beschwerer für Innenräume vorgesehen und im Garten fehl am Platz? Das konnte sein.

Die Gewichte waren für die Außenwelt zu leicht, und ihre Form schreckte den Wind nicht ab. Diese Tischdeckenbeschwerer hatten in meinem Garten nichts zu suchen, sie enttäuschten auf ganzer Linie. Ich überlegte, welche Erkenntnisse ich noch aus dieser Geschichte ziehen konnte. Ich erlaubte mir schließlich, den Schluss zu ziehen, dass ich nicht einfach bayerischen Haushaltswarengaunern in die Hände gefallen war, sondern dass in München – da war ich mir auf einmal sicher, natürlich, dass in München ein anderer Wind herrschen würde. Die Tischdeckenbeschwerer waren den dortigen Sausewinden angepasst und hatten nichts am Hut mit unseren ostwestfälischen Stürmen.

Meine Frau trägt nun übrigens diese bayerischen Tischdeckenbeschwerer als Ohrenschmuck und gibt damit mancher Party sicheren Halt.

Über die Untertasse

Den Unterteller unter einer Kaffeetasse nennt man Untertasse. Aus der Kaffeetasse kann man trinken, aus der Untertasse nur ein bisschen, wenn darauf viel geplempert wurde. Die Untertasse ist, ähnlich wie der Bierdeckel unter dem Bier, eine Sicherheitsvorkehrung für Tischdecke und Tisch. Wie eine Fußballmannschaft einen Torwart im Grunde nur braucht, wenn die Abwehr wieder einmal versagt hat, so braucht die Kaffeetasse die Untertasse nur, wenn jemand wider Erwarten plempert. Es ist erstaunlich, dass es die Untertasse geschafft hat, sich für die Obertasse unentbehrlich zu machen. Die Angst vor menschlichen Fehlleistungen scheint so tief zu sitzen, dass man bestimmte Dinge nur genießen kann, wenn man auch gleich Vorsorge für ihr Scheitern plant. Präservative lebten einmal von dieser Einschätzung. Es erscheint unnötig, eine Tischdecke durch ein Auflegen einer Untertasse vor Kaffeeflecken zu schützen, wenn der Kaffeetrinker eine ruhige Hand hat und keine Rockmusik im Hintergrund ihn zu unnötigen Bewegungen verleitet. Für viele Frauen ergibt sich oft die Frage, ob man eine Untertasse überhaupt spülen muss, wenn sie nur unter einer Obertasse stand und ansonsten weder berührt noch bekleckert wurde. Ich erlebte einmal in einem Café in Mainz, dass dort die Untertasse durch einen saugfreudigen Papierring vor den Kaffeespritzern der Obertasse beschützt wurde. Es war so, als wenn man vor Oliver Kahn eine Mauer gebaut hätte aus Beton. Leben ist Risiko, und ich bin kein Warmduscher. Ich trank also nicht aus der Obertasse, um auch diesen Aufsaugring nicht unnötig durch Gefahren in Mitleidenschaft zu ziehen. Ich kann bestimmte Leidenschaften nur dann ausleben, wenn auch ein wenig ihr Scheitern möglich ist. Der Tellerdreher im Zirkus erzeugte früher auf diese Weise Spannung.

Einmal habe ich eine Untertasse aus Versehen vom Tisch fallen lassen. Erst so bekam sie die Aufmerksamkeit, die sie selbst dann nicht hatte, wenn sie Tischdecke und Tisch vor Flecken geschützt hat. Zu läppisch erscheint ihr Nutzen, zu bescheiden ihr Schutz. Erst als ich im Nachhinein meine Kaffeetasse auf den nackten Tisch stellen wollte, fehlte mir die Untertasse als Ruhepol auf einem Tisch voller Aschenbecher, Blumenvasen, Salz- und Pfefferstreuer. Ich bemerkte plötzlich, wie würdevoll die Untertasse die Obertasse dort erscheinen lässt. Und außerdem, wer umgarnt denn den Löffel? Im Gunde repräsentiert die Untertasse die Kaffeetasse und lässt uns den Kaffee erst dadurch richtig genießen. Das Stellen von Porzellan auf Porzellan lässt uns die Schmerzen der Vergänglichkeit ahnen und macht uns vorsichtiger im Umgang mit heißen Getränken. Leider ist die Untertasse uns trotzdem fremd geblieben, leider haftet ihr immer noch etwas Unerklärliches und etwas Bedrohliches an. Nicht umsonst nennen wir die Fluggeräte unerwarteter Besucher aus dem All »Fliegende Untertassen.«

Über das Anderssein

Alle Menschen sind anders. Zum Glück, muss man sagen. Wenn alle Menschen so wären wie mein Freund Rolf aus Hamm, dann hätte ich mich längst erschossen.

Kürzlich fiel mir auf, dass in Hamm das warme Wasser erst relativ spät aus dem Wasserhahn kam und dann gar nicht richtig heiß wurde. Ich schloss daraus, dass die Hammer abgehärteter sind als wir und sparsamer mit warmem Wasser umgehen als die Paderborner. Einmal fiel mir sogar auf, dass in Hammer WCs die Urinale höher angebracht waren als bei uns, so als wären Hammer Männer irgendwie größer und liebten Herausforderungen. Ich denke manchmal, dass diese Dinge Rolf darin ermutigt haben müssen, so ganz anders zu sein als wir. Individualismus entsteht gerade durch Ungeschicklichkeit und dauerndes Improvisieren.

Nur wo es noch Fettnäpfchen gibt, kann man auch hineintreten. Ich kenne Menschen, deren Leben schon glänzt, wenn ihnen mal ein Computerprogramm abstürzt. Rolf stürzt noch selber ab, und wie. Rolf kann in der Badewanne mit den Zehen die Wassertemperaturen an seinem Wasserhahn regulieren. Nicht, dass ich ihn darum beneide, aber mich würde schon interessieren, warum er das macht, und was er dabei empfindet.

Ich habe mal einen Hausmeister in Hamm mit Mühe und Not eine Tür öffnen sehen mit dem Ausruf: »Oh, dahinter lauert ein Vakuum!«

Ich überlege nun seit langem, warum es in Hamm Räume gibt, in denen ein Vakuum lauert. Was hat dort überhaupt eine Heizungsanlage zu suchen, die einen nebenstehenden Raum kalt sein lässt und dafür lieber dieses Vakuum in Kauf nimmt? Wissen Hausmeister immer, dass eine Tür, die sich nicht leicht öffnen lässt, ein Vakuum beherbergt? Im Grunde kenne ich nur ein Vakuum, und das heißt Rolf.

An dem Tag fand in der Hammer VHS eine Weinprobe statt, die nicht nur bei Rolf, sondern auch bei der Jugend großen Anklang gefunden haben soll. Der ausführende Weinhändler hatte dafür nicht nur die Flaschen abgeklebt, sondern auch auf den Eintritt verzichtet. Man konnte also teuren Wein schmecken, ohne von seinem Preis auf seine Wertigkeit schließen zu müssen. Man konnte aber auch einen gepanschten Tropfen genießen, ohne davon abgeschreckt zu werden, dass er einem eigentlich nicht schmeckt. Ich lese sehr oft in Zeitungen, dass Veranstalter gelobt werden für Veranstaltungen, auf denen auch Jugendliche zu sehen waren. Als wären Jugendliche ansonsten Barbaren, die man nur Chips essender Weise bei irgendwelchen Vakuumveranstaltungen vermutet und die Goethe für ein Parfüm und WESTfalen für eingeschworene Zigarettenraucher einer bestimmten Marke halten. Natürlich verstehe ich auch nicht, dass es Jugendliche reizt, auf eine Weinprobe der VHS zu kommen. Warum muss man für Jugendliche überhaupt Weinetiketten abkleben, wenn sie doch sowieso nicht lesen können? Im Grunde glaube ich auch nicht, dass man auf Weinproben Jugendliche antrifft, außer sie denken, es ginge dabei um ein Event, um das Erlernen von wahren Gefühlen, und diesmal hätte man es dort mit dem Weinen probiert. Man kann zwar der Jugend vorwerfen, was man will, aber sie begeben sich bestimmt nicht freiwillig in ungeheizte Räume, in denen sie nur alte Knacker und Heulsusen antreffen, wie z. B. Rolf. Es kann natürlich auch sein, dass in Hamm die Jugendlichen anders sind als anderswo, und das fände ich schon wieder sympathisch. Und sowieso ist es eher wichtig, was jemand kann, und nicht, was er nicht kann. Jugendliche können sonderbar überraschend sein und sich nicht vorstellen, dass sie dabei alt werden.

Ich finde es wirklich gut, dass wir Menschen alle anders sind. Wie gesagt, wenn alle so wären wie Rolf, ich wüsste gar nicht, was ich vor lauter Aufregen noch für Gemütsbewegungen entwickeln sollte. In Hamm sind zum Beispiel die Frauen sehr schön und tragen dicke Teddybärmäntel, die gegen Kälte schützen sollen. Es ist oft so, dass Menschen einer Stadt, die vom Stadtbild und von den Freizeitangeboten her umstritten ist, in Liebesdingen sehr fantasievoll sind und überall wärmen wollen. Der Hausmeister in Hamm erzählte mir z. B. sofort einen Witz über einen evangelischen und einen katholischen Priester, wobei ich mir gar nicht sicher bin, ob der Begriff des Priesters für beide Glaubensrichtungen gestattet ist. Egal, er erzählte mir also diesen Witz über diese beiden Priester, dessen Pointe darauf hinauslief, dass beide bei aller Verschiedenheit doch auch das Gleiche wollten, und das war die Frau von dem evangelischen Pfarrer. Ich glaube sogar, dass dieser Witz leicht anzüglich war, aber ich machte mir nicht die Mühe, ihn zu verstehen. Anrührend war letztendlich, dass der Hausmeister versuchte, bei aller Andersartigkeit einen gemeinsamen Nenner zu finden. Da höre ich mir doch manchen schlechten Witz gerne zweimal an, was mir an diesem Tag übrigens noch viermal bevorstand.

Ich finde es gut, dass alle Menschen anders sind als Rolf. Hat mir doch kürzlich Rolf gesagt, dass er froh wäre, dass nicht alle Menschen so seien wie ich, sonst hätte er sich längst erschossen. Zum Abschluss hat er mich noch »Du Paderborner« genannt, als wäre das schon ein Schimpfwort. Das ist doch wirklich der Hammer.

Über Identität

Ich habe kürzlich Halle eine eigene Identität abgesprochen. Wie peinlich. Genau genommen habe ich Halle kürzlich sogar zweimal eine eigene Identität abgesprochen. Ich erinnere mich so genau daran, weil ich beim zweiten Mal gefragt wurde, ob ich das Halle in Westfalen oder das Halle im Osten meinen würde, und ich ganz sicher war, dass ich das Halle in Westfalen meinte.

Ich kannte doch das Halle im Osten gar nicht.

Ich behauptete nämlich, dass Halle in diesem Jahr einen Preis bekommen hätte. Eine Werbeagentur hätte in dem Wettbewerb »Wie verschaffe ich Halle eine eigene Identität« große Erfolge erzielt und dafür Halle diesen Identitätspreis verschafft.

Dieser Identitätspreis ist seitdem mit Halle verbunden, wie Ulm mit dem Brotmuseum, behauptete ich. Natürlich hieß der Preis irgendwie anders und alles war komplizierter und auch gut gemeint, aber wen interessiert denn wirklich, ob Halle eine eigene Identität bekommen hat oder nicht? Ich habe auch keine eigene Identität und lebe gut damit. Kürzlich war jemand nicht böse auf mich, weil wir uns gar nicht kannten. Ich habe mal eine Frau geküsst, die konnte sich nicht mehr daran erinnern, und dabei habe ich Mundgeruch. Ich habe mal einen Hund gerufen, der ist gar nicht erst gekommen, wie beruhigend. Ich mag nämlich keine Hunde. Ich denke manchmal, wie praktisch wäre es, wenn ich in manchen gesellschaftlichen Ausnahmesituationen von jemandem vertreten werden könnte, der in Ausnahmen zu Hause ist und diese mit links bewältigt. Auch manche Städte schmücken sich lieber mit fremden Federn, z.B. mit denen eines französischen Dorfs, wo man Frösche und Käse essen kann, und stellen sich ins schönste Rheinland ein Münchner Oktoberzelt, um ihre Gäste nicht mit heimischen Attraktionen zu langweilen. Ich erinnere mich, wie die berühmte italienische Woche in Paderborn ohne einen einzigen Italiener auskam und sogar die berühmte italienische Küche von heimischen Köchen angeboten wurde und trotzdem keine Wünsche offen ließ. Es muss nicht alles echt sein, was gefällt. Aber zurück zu Halle, Sie erinnern sich doch, das ich Ihnen von dieser Stadt erzählt habe? Dann ist es gut. Ich traf dort doch diese Frau von einer Werbeagentur, die mir von diesem Haller Identitätspreis berichtete. Deshalb habe ich dann irgendwann erzählt, dass Halle lange Zeit keine eigene Identität gehabt hätte und nun Halle endlich wüsste, wozu es gut wäre. Dann erzählte mir ein Freund, der bei diesem Gespräch mit der Werbefrau anwesend war, sie hätte nicht von Halle gesprochen, sondern von Lage. Oh Gott, Lage. Er selber käme nämlich aus Halle, und gerade Halle hätte so viel eigene Identität, dass es manchmal gar nicht wüsste, wohin damit. Ich schlug nun vor, dass, wenn Halle soviel eigene Identität hätte, es doch Lage davon abgeben könnte. Zum Beispiel könnte man das peinliche Tennisturnier im Haller Gerry Weber Stadion nach Lage verlegen, dann hätten die verwöhnten Tennisasse noch mehr zu lachen. Und ich weiß wovon ich rede, wir haben nämlich in Paderborn das größte Computermuseum der Welt und glauben trotzdem weiterhin an Gott. Aber so ist das. Was rege ich mich überhaupt auf? Wen interessiert denn im Ernst, ob Lage oder selbst Halle eine eigene Identität haben? Ich meine, wenn Lage diesen neuen Identitätspreis verdient hätte, weil es tatsächlich eine eigene Identität bekommen hat, dann hätte ich es auch nicht mit Halle verwechselt, oder? So ist doch die Lage, oder spielt sich das Tennisturnier bei schlechtem Wetter in der Halle ab?

Über Nivea oder Die Niveahuldigungen

I.

Die Welt war einmal hart,
das hast du uns erspart.
Nivea.
Dein Doktor Troplowitz
erfand dich, Hit der Kids.
Nivea.
Du bist mein blauer Schatz,
mein Traum und Prinzersatz.
Nivea.

II.

Kundin: Haben Sie was anzuziehen?
Schönheit ist doch nur geliehen,
muss sich wirklich sehen lassen,
und zu dem Gesamtbild passen.
Verkäuferin: Soll sich wirklich sehen lassen,
und zu Ihren Runzeln passen?
Faltenröcke nähen Näher,
aber nehmen Sie N I V E A!

III.

N I V E A
Nivea
Hmhmhm
Nora Irrt Vergaß Es Angeblich
Nicht Ich Verrieb Einen Anderen
Nun Ist Verlass Erdenbewohner Achtung
Nichts Ist Verloren Es Atmet
N I V E A
Nivea
Hmhmhm
Nur Ingredienzien Von Erlesener Auswahl

Nelken Ingwer Veilchen Endivien Anis
Nutzt Ihre Verführung Edle Anmutige
Nur Ihr Verwenden Entfernt Akne
N I V E A
Nivea
Hmhmhm
Nasen Inhalieren Vielfach Eigenen Atem
Nörgeln In Verpassten Eisigen Anfängen
Nacktheit Ist Verständlicherweise
Einreibungspflichtig Ach
Nur Im Vergessen Endet Alles
N I V E A
Nivea
Hmhmhm
Natürlich Immer Vertraue Einem Angeber
Nur Indianer Vermissen Echte Anreize
Natürlich Ist Verlieben Ein Abenteuer
Natürlich Ist Verlieben Ein Anfang

IV.

Wer sich weigert hier auf Erden,
mit uns einfach alt zu werden,
Udo Jürgens tut nichts weh, ja,
denn er nimmt täglich Nivea.
Du bist blau Mann,
ich bin blau Mann,
du riechst besser als ’ne Frau, Mann!
Oh Nivea,
oh Nivea,
ohnegleiche,
danke dir
für alles Weiche.
Hmhmhm
Hmhmhm
Hmhmhm

Über Regen und Gemüt

I

Es regnet viel in Ostwestfalen. Da überlegt man schon, ob man zu Hause bleibt oder ein Museum aufsucht. Die Ausstellung heimischer Künstler »Regenkuss« ist vielleicht das Beste, was einem passieren kann. Natürlich war ich sogar bei der Eröffnung anwesend. Zwei der dort ausstellenden Künstler kenne ich persönlich und die anderen zwei bin ich, weil ich bei meinen Collagen unter einem Pseudonym arbeite. Es ist nicht immer einfach, als Künstler eine Öffentlichkeit zu finden. Ich habe einen Bekannten, der von Fußgängerzone zu Fußgängerzone zieht, um sich auf den dortigen Plätzen zu verewigen. Er arbeitet mit Hammer und Meißel und höhlt das Pflaster bei »seiner Suche zum Mittelpunkt der Erde« quasi aus. Man kann sich vorstellen, dass er dadurch nicht so beliebt ist wie ein Straßenmaler. Er hat mir mal den Eingang von meinem Wohnhaus mit einem Loch verschönert, in dem ich nun meinen Biomüll sammle.

II

Ostwestfalen kennt man als sonnendurchflutete Landschaft. Es kommen viele Fotos von dort, die bei Sonnenschein aufgenommen wurden. Regenfotos deprimieren, weil sie selten lachende Menschen zeigen und Regenschirme den Blick auf den Hintergrund verstellen. Sicher, in anderen Gebieten Deutschlands regnet es auch, aber anders. Es gibt dort auch Ereignisse, die dem Regen eine nebensächliche Bedeutung geben, leider. Regen kann schön sein, wenn man dichtes Haar hat. Ich kenne Beckum im Regen, Lippstadt im Regen, Rüthen im Regen, Unna im Regen, Soest im Regen und sogar Münster im Regen. Ich sah einmal Eugen Drewermann im Regen durch Paderborn rennen, das war ein sehr schöner Anblick, zumal er dabei nicht nass wurde.

III.

Gespräch beim Spaziergang durch den Kurpark in Bad Driburg

Zwei Männer gehen nebeneinander her. Einer schaut häufig nach oben, der andere nicht.

1: Es ist die Frage, ob Springbrunnen und Regenfall sich nicht ausschließen.

2: Sie meinen?

1: Ich frage mich, ob fallender Regen nicht automatisch Brunnenfontänen ersetzen kann.

2: Haben Sie den nackten Mann im Ginsterbusch gesehen?

1: (winkt ab) Ich glaube, dass unsere Zeit auf den Regen reagieren muss. Alles ist im Wandel. Früher lebte man in den Tag hinein und wusste es gar nicht. Heute stellt man alles in Frage und sieht darin Leid und Erlösung.

2: Sie sprechen von Drewermann?

1: (schüttelt den Kopf) Wir haben unsere Unschuld verloren. Wir haben ein Problem und wissen nicht welches. Wir fühlen uns nicht wohl in unserer Haut und tragen deswegen Regenkleidung.
(Zwei Pfleger führen einen nackten Mann mit sich.)

2: Der Mann war gar nicht nackt, er war krank.

1: (übergeht den Einwurf) Man muss sich darüber klar sein, dass ein Regen den Aufenthalt in Bad Driburg nicht einschränkt, sondern versüßt. Der Regen steht für Fruchtbarkeit. Er ist göttlicher Samen, reinigender Niederschlag, Einladung zum Tanz. Ich erinnere nur an Woodstock.

2: Danae, die Mutter des griechischen Helden Perseus, wurde von Zeus in Gestalt eines Goldregens geschwängert.

1: So weit brauchen wir nicht zu gehen. Ich kenne meine Pappenheimer. Aber erstmal wieder gesund werden …

2: (sieht sich erschrocken um) Haben Sie Angst? Sie machen mich neugierig.

1: (flüstert) Es kann mir keiner erzählen, dass Wassertrinken erbaulich ist, wenn es gleichzeitig regnet. Hier müssen wir ansetzen: A. Drewermann-Messen dürfen bei Regen nur im Freien stattfinden. B. Wer bei Regen nach oben schaut, muss vorher seinen Schirm schließen. C. Leute mit feuchter Aussprache haben im Regen zu schweigen. Das ist ein Anfang, der Rest findet sich. Driburg kann sich nicht erlauben, Trends zu verschlafen, Driburg muss selbst Trend sein.

2: Und was ist mit den Brunnen?

1: Was soll mit den Brunnen sein?

2: Sie meinten doch …

1: (erinnert sich scheinbar, hatte es aber nie vergessen) Ah, die Brunnen. Die Brunnen schweigen im Regen. Der Segen kommt von oben. Alles kommt, alles geht, der Regen bleibt.

2: Der Regen als Bad Driburger Triumphbogen. Der Regen als unverfälschtes Naturereignis. Nichts ist doppelt gemoppelt, alles Phänomen. Genial.

1: Ich weiß, Herr Clement.

(Es fängt an zu regnen. 1 und 2 ziehen ihre Jacken über den Kopf und suchen Schutz. Ende!)

IV

In Schloss Neuhaus fand eine Ausstellung statt. Holzschnitte hingen an den Wänden und boten sich den neugierigen Betrachtern feil. Der Zufall wollte es, dass Eugen Drewermann kam, um sich diese Ausstellung anzusehen. Er kam auf einem Fahrrad angestrampelt, löste die Fahrradklammern von der Hose, schloss sein Fahrrad ab und zog die Ärmel seines berühmten Eugen-Drewermannpullovers in die Handflächen, um sich beim Regenjackeausziehen deren Verrutschen zu ersparen. Natürlich wurde er dabei erkannt und manche drehten sich deutlich um, tuschelten und wollten es ihm gleich tun. Alle waren sehr darauf bedacht, ihm so nahe zu kommen wie möglich: man hatte ihn einfach gern und fand ihn seltsam anziehend. Eugen Drewermann betrat den Ausstellungsraum und ging von links nach rechts, von unten nach oben, von Bild zu Bild und wieder zurück. Plötzlich machte sich eine Veränderung breit. Die schlichten Holzschnitte wirkten anders. Die Anwesenheit des Mannes hatte sie aufgewertet. Er wurde als ihr Betrachter Teil der Ausstellung und zog dadurch die anderen Besucher in seinen Bann. Alle versuchten, die Bilder mit seinen Augen zu sehen und entdeckten dadurch Dinge, die die Bilder nicht hergaben. Als Eugen Drewermann mit seinem Fahrrad fortfuhr, meinte man ein Aufatmen zu hören, als hätten sich die Holzschnitte wieder aus der Befangenheit gelöst und waren zu dem geworden, wozu sie der Künstler einst erschaffen hatte, zu einer Auftragsarbeit.

V

Beim konkreten Sympathiezauber des Regentanzes imitiert das Stampfen der Füße das Prasseln der Regentropfen. Die drei Bürgermeister der benachbarten Eggegemeinden hatten sich dazu ihre Schuhe ausgezogen und bildeten einen Kreis. Mit den Gewittersymbolen Axt, Hammer und Donnerkeil liefen sie hintereinander her und stampften dabei mit den Füßen auf den Holzboden des Ofenmuseums. Sofort flossen in manchen Wolken Wassertröpfchen zusammen, bildeten größere Tropfen, bis sie schwer genug waren, um als Regen aus den Wolken zu purzeln.

VI

Ich träumte gerade in meinem Mittagsschlaf, dass Spinat nur rosa sein müsste, um den Kindern zu gefallen, als es klingelte. Ich schlug sofort die Augen auf und lief zu unserer Haustür, an der mir ein Paketbote ein Päckchen in die Hand drückte. Es war ein Buch »Literatur in Westfalen – Beiträge zur Forschung, Band 4« aus dem Ferdinand Schöningh Verlag. Ich war danach so wach, dass ich nicht mehr einschlafen konnte. Natürlich war ich sehr verärgert. Ich dachte, wie doch auch die Literatur dem Menschen schaden kann. Sogar die wissenschaftliche Literatur kann dem Menschen gesundheitliche Probleme bereiten, wenn es sie um ihren Mittagsschlaf bringt. Ich war mir auch nicht sicher, ob Autorinnen wie Jenny Aloni, Hertha Koenig, Anette von Droste-Hülshoff u. a. gut daran taten, sich erforschen zu lassen, wenn wir als Leser dafür um unser Auftanken gebracht werden. Ich kam dabei so in Rage, dass ich zwölfmal hintereinander die Eugen Drewermann CD »liest aus seinen Büchern« (Aliso Records 1032) hören musste, um halbwegs wieder normal zu wirken. Ich zehrte so von der Stelle, wo der Kirchenkritiker eine 35-jährige Fremdenführerin in Beirut fragt, ob sie an die Unsterblichkeit glauben würde und die dann leise flüstert: »Ich möchte«. Ich spulte die CD immer wieder an diese Stelle, wo er, also Eugen Drewermann, dieses »Ich möchte« anstelle der Fremdenführerin flüstert und das wirklich nur eine Minute später, wo er vorher noch »Zähne fletschen« gesagt hatte. Welch mutige Kombination: Beirut, Fremdenführerin, Zähne fletschen, Unsterblichkeit und »Ich möchte«. Oh lasst mich auch Fremdenführer sein. In der Nacht träumte ich vom Regen in Ostwestfalen und war dabei sehr verliebt in diesen Landstrich. Ich erinnere mich, dass ich im Traum mit einer 35-jährigen Paderborner Fremdenführerin auf dem Domplatz stand, und sie dauernd flüsterte: »Ich möchte« und ich dann die Zähne gefletscht habe und dabei auf den Neptunbrunnen schauen musste, der beim einsetzenden Regen seine Wasserfontänen einstellte.

Über einen Hund

Ich habe mal einem Hund eine Liebeserklärung gemacht. Jetzt kommt nicht, was Sie denken. Das war eine Verwechslung. Ich dachte natürlich, meine Freundin wäre ins Zimmer geschlichen und hätte hinter mir Platz genommen, und dabei war es Purzel. Ich stand extra vor dem geöffneten Fenster und wollte bei meiner Liebeserklärung ganz klassisch in den Himmel schauen. Ich hörte hinter mir ein leises Schlabbern und dachte, meine Freundin hätte in Vorfreude auf das Kommende ihren Speichelfluss nicht mehr unter Kontrolle. Natürlich war es leider Purzel, ihre Hündin, die sich an einem Kauigel abreagierte und dabei so herumschleimte, dass mir ganz anders wurde. Ich hatte mir meine Liebeserklärung genau zurecht gelegt und drehte mich beim Vorsingen bewusst nicht um, da ich mich ein wenig dafür schämte. Ich sang also für Purzel:

»Alle Schönheit muss vergehn,
für sie gibts kein Wiedersehn,
was auf alten Bildern uns entgegenschaut,
ist vorbei und wirklich uralt,
falls noch in schwarzweiß geknipst.
Alle Schönheit muss vergehn,
vielleicht gibt es ein, zwei Ausnahmen,
sprechen wir nicht gleich von Hannelore Elsner oder
Iris Berben,
es gibt auch noch andere, die niemals sterben.
Alle Schönheit muss vergehn,
nur wer bleibt wie er mal war,
dem sieht man an, er arbeitet für Film und Fernsehen
oder für die Schullaufbahn.«

Und so weiter, und so weiter. Ich danke noch heute meinem Schicksal, dass ich mich nicht so weit herabgelassen habe, vor Purzel niederzuknieen, zumal der Raum völlig abgedunkelt war und nicht mal eine Kerze brannte.

Es war schon mal zu einer peinlichen Verwechslung gekommen, als Purzel aus Versehen das Parfüm meiner Freundin umgestoßen hatte und danach genauso roch wie sie. Ich weiß noch, dass ich ihr damals eine sündhaft teure Perlenkette umhängen wollte und Purzel sich nur dadurch zu erkennen gab, als sie mir dabei das Gesicht ableckte, welches im Übrigen erfreulich angenehm war. Naja, man soll die alten Geschichten ruhen lassen. Auf jeden Fall also war meine Überraschung perfekt, als ich mich nun nach meiner gesungenen Liebeserklärung umdrehte und schließlich Purzel auf dem Sofa ertastete, die sofort wieder begann, mein Gesicht abzuschlecken. Vielleicht hätte man über die ganze Geschichte auch lachen können, wenn nicht während meiner Liebesschwüre meine Freundin in den Raum gekommen wäre und das ganze Theater völlig missverstanden hätte. Die dumme Kuh durchschaute weder die Situation noch dass diese Liebesseufzer ihr gegolten hatten. Sie dachte tatsächlich, ich hätte mich in ihr schlabberndes Monster, in Purzel, verliebt. Ich muss dabei hinzufügen, dass meine Freundin extrem eifersüchtig war. Sie konnte es zum Beispiel nie ertragen, wenn ich mich nicht sofort aus der Umklammerung ihres Hundes löste, obwohl es Purzel war, die mich immer als erste schnappte und ableckte wie einen Gott. Ich gebe zu, dass ich Purzel nicht unsympathisch fand, aber ich wusste doch, dass sie liiert war mit einem Dobermann aus der Nachbarschaft, und ich greife doch nicht ein in funktionierende Beziehungen. Naja, Spaß beiseite, was soll ich sagen, ich habe danach nie wieder etwas von meiner Freundin gehört und muss nun damit leben, auch bei Purzel Erwartungen geweckt zu haben, die ich bei aller Liebe nicht erfüllen wollte. Purzel hat zum Glück ihren quietschenden Kauigel vergessen, der mir schon manchmal Trost ist in schweren Stunden.

Schade ist nur, dass ich zum Zeitpunkt dieses Werbens gerade so jung war, so schön und so jung war. Ich habe nun Angst, dass sich niemand mehr daran erinnern wird. Weil die äußere Schönheit inzwischen verbraucht erscheint und Platz gemacht hat einer inneren Schönheit, die es auch mal verdient hätte, auf einer Titelseite gewürdigt zu werden.

Über Kochkäse

Ich mag an Kochkäse so, dass sich sein Rest versammelt und geschlossen zurückläuft in seine ursprüngliche Form, nur immer weniger und immer ein Rest, nur immer weniger und immer ein Rest.

Man nimmt doch den Kochkäse aus seinem Plastiktopf, reißt tiefe Krater und Risse in seine Oberfläche, und eh' man sich versieht, zieht sich der Rest wieder zusammen zu einer makellosen Ebene, ganz gelber See, vom Mond beseelt, ein Stillleben der Post. Und die kleinen schwarzen Kümmelkörner sind die gerade losgeschickten Briefträger auf dem Wege zum Postkunden im zartgelben Morgengrauen, und die kleinen schwarzen Kümmelkörner sind die gerade losgeschickten Briefträger auf dem Wege zum Postkunden im zartgelben Morgengrauen.

Wissen Sie, ich mag an Kochkäse so, dass er sich nicht entstellen lässt, er achtet auf sich, er gibt nicht auf, er besteht auf seiner Vollkommenheit.

Ich mag an Kochkäse so, dass er hofft, durch sein Zurückweichen einem erneuten Eingriff des Menschen zu entgehen. Wie dumm der Kochkäse ist, es reizt doch gerade, das Vollkommene zu zerstören – deswegen heiraten doch Männer Frauen, Kinder werden Erwachsene, und die Post wird Telekom.

Schade ist nur, dass die Erde diesem Beispiel des Kochkäses nicht folgen kann. Die Erde bleibt bei einem Eingriff aufgerissen und zieht sich nicht wieder zusammen zu einer makellosen Oberfläche wie der Kochkäse, und putt bleibt putt: »Die kleine Therese, die schickt mir gern Käse, egal was es kost', sie schickt's mit der Post.«

Ich sag Ihnen was: »200 Jahre deutscher Kochkäse«, das wäre ein schönes Briefmarkenmotiv. Eine gelbe, sich dehnende Briefmarke, die beim Stempeln Kümmelkörner hochspringen lässt, das wär's.

Nicht Geld macht glücklich, Gelb macht glücklich! Nicht Gelb macht glücklich, Kochkäse macht glücklich.

Über eine Anzeige

Es regnete draußen wieder in Strömen. Es hatte die ganze Zeit nach Regen ausgesehen, aber eine gewisse Kraftlosigkeit hatte ihn sich weigern lassen, daran zu glauben. Nun regnete es Bindfäden. Herr Wislowski hatte natürlich keinen Schirm dabei. Die Menschen hier sind nicht verwöhnt und klug im Verdrängen des Unangenehmen. Herr Wislowski flüchtete in den Eingang des Kopierladens. Die Tür stand offen, und er grüßte wortlos nach innen. Schnell kam er mit einem Blick in den Himmel der Frage zuvor, ob er etwas kaufen wolle. Gottes Land hatte alle Farben aus sich verbannt und schien nicht mehr zu warten auf die dunkelblaue Phase eines depressiven Malers. Ein dunkelblauer Himmel hätte allen gut getan.

Herr Wislowski kannte die Kopiererin noch aus der Zeit, wo er in der kleinen Stadt zur Schule gegangen war. Sie waren zusammen alt geworden, ohne es zu merken. Er hatte bei ihr schon manche Nachmittage verbracht und Einladungen zu Sommerparties kopiert, die früher regelmäßig stattfanden. Warum feierten sie diese Parties nicht mehr? Er selber war schon seit Jahren auf keiner Party mehr erschienen und hasste diese schon, als sie noch Feten hießen und nur betrunken zu ertragen waren, aber fehlen taten sie ihm trotzdem.

Herr Wislowski folgte der Einladung der Kopiererin einzutreten. Er dachte, dass die Kopiererin nun selbst eine Kopie geworden war. Sie war stark geschminkt, und man traute sich nicht, ihr zu nahe zu kommen und sie zu lange anzuschauen. Herr Wislowski konnte sich erinnern, dass er sich bei einer Einladung zu seinem 40-sten Geburtstag selbst kopiert hatte. Er hatte sich unter die Gummiabdeckung auf das Kopierglas gelegt und die Kopiererin hatte lachend den Kopiervorgang ausgelöst. Er sah dann auf der Einladung aus wie tot, als hätte ihn jemand schnell fotografiert, nachdem ihn einer in eine viel zu enge Kiste gestopft hatte.

Das Telefon schrillte durch den Raum. Die Kopiererin, die bisher neben ihm gestanden hatte, um mit ihm schweigend durch das Schaufenster in den Regen zu starren, hob das Telefon auf die Ladentheke und nahm ab.

»Copyshop, Stratmann. Womit kann ich dienen? Einen Moment, da muss ich nachsehen.«

Die Kopiererin klemmte sich den Hörer zwischen Kopf und Schultern und blätterte eine Kartei mit Kundenaufträgen durch.

»Ja, Frau Schigulla. Hier hab' ich Ihren Auftrag: Tobi ist da! Hiermit geben wir die Geburt eines gesunden Jungen bekannt. Wir sind alle sehr glücklich. Tina, Uwe und Gerda Schigulla.«

Herr Wislowski schaute die Kopiererin an, die gleichgültig zurückschaute und dabei der Stimme am anderen Ende der Leitung lauschte.

»Das ist kein Problem, Frau Schigulla. Das geht. Das können wir streichen. Gesund soll also weg. Nein, das geht noch.«

Die Kopiererin durchstrich etwas auf der Karteikarte und sprach dabei weiter: »Ich lese noch einmal vor. Tobi ist da! Hiermit geben wir die Geburt eines Jungen bekannt. Wir sind alle sehr glücklich. Tina, Uwe und Gerda Schigulla. O.K., Frau Schigulla, so machen wir das. Kein Problem. Auf Wiederhören.«

Die Kopiererin legte auf, stellte das Telefon nach unten, ordnete die Karteikarte wieder ein und stellte sich neben Herrn Wislowski. Der Regen machte eine Pause. Herr Wislowski und die Kopiererin schauten weiterhin nach draußen.

Viele der Vorbeieilenden hatten noch ihre Regenschirme aufgespannt, weil sie nicht bemerkt hatten, dass der Regen aufgehört hatte. Plötzlich sagte die Kopiererin: »Es gibt kein schlechtes Wetter, es gibt nur falsche Wetterkleidung.«

Herr Wislowski überlegte, wie oft er heute diesen Satz schon gehört hatte, und lächelte trotzdem. Er hätte sich gerne kopiert. Er hätte sich gerne auf die Glasscheibe gelegt, die Augen geschlossen, den Blitz empfangen und gewartet, bis der Automat sein gepresstes und gedemütigtes Bild ausgeschoben hätte.

Herr Wislowski trat hinaus auf den Bürgersteig, unter den farblosen Himmel, und atmete tief ein.

Über das Abrichten von Grashüpfern

Manchmal glauben Grashüpfer tatsächlich, man sähe sie nicht. Als schütze sie ihre Farbe vor der Form, als wären sie Detektive, die zwischen Büschen lungern, unbeweglich, stundenlang, wie Scheidungszeugen, die auf einen Fehltritt warten.

Doch man vertue sich nicht. Verlässt man ihren Blick und ihre Anwesenheit nur einen Augenaufschlag lang, und sei es, um sich eine Zigarette zu drehen, seine Oberarme einzureiben oder eine Seite in einer Illustrierten umzublättern, sind sie fort, verschwunden in der großen, großen Welt ihrer kleinen grünen Urwälder, um danach fix wieder, wie ein Gedankenblitz wieder, »hüpf« wieder, in Erscheinung zu treten.

Manchmal glauben Grashüpfer tatsächlich, man sähe sie nicht. Nur weil sie keine Trompete blasen oder einen roten Sturzhelm tragen. Diese Spring-ins-Felde. Diese Sekundendiebe. Diese Punktabenteurer. Deren Siegfriedsmal ihr Schnalzen ist, das so unkontrolliert Anwesenheit verrät.

Manche Frauen schaffen es, Grashüpfer durch Nachahmen dieser Schnalzgeräusche anzulocken: TSchek, TSchek!

(Ähnlich diesem Zungenschnalzen, das man benutzt, um Pferdeschnauzen zu bewegen, einem die Innenfläche einer Hand zu lecken.)

Bei vielen Frauen ist dieser TScheklaut so ausgeprägt artverwandt, dass Grashüpfer aufhören, im Gras zu hüpfen, und nicht nur ihren Artensinn, sondern auch ihre Orientierung verlieren.

Sie tauchen auf aus ihrem Schutzbereich des gleichfarbenen Untergrundes, der Wiese, und nehmen verliebt und allein Kontakt auf mit diesem sich anbiedernden, schnalzenden Wesen.

TSchek, TSchek!

TSchek, TSchek!

Doch leider ist das Interesse an Grashüpfern gering, auch wenn es sich bei ihnen um bescheidene, anschmiegsame

Tierchen handelt. Zu wenig entsprechen sie dem abendländischen Schönheitsideal. Sie tragen keine Jeans und flegeln sich nicht in Coupés herum. Was reizt schon, auf ein TSchek ebenfalls ein TSchek erwidert zu bekommen? Zu anspruchsvoll sind menschliche Konversationspraktiken entwickelt, als sich bei einem TSchek von einem TSchek nach dem Munde reden zu lassen. Obwohl dies, bei längerem Abwarten und ein wenig Geduld, die Einleitung zu einem zärtlichen Liebesspiel sein kann, das das Niveau des Echos verlässt, wenigstens unter Grashüpfern und Heuschreckenartgenossen.

TSchek, TSchek!

TSchek, TSchek!

Aber so ist es kein Wunder, dass die TScheklautimitierende schnell gelangweilt verstummt und sich anderen Dingen zuwendet. Wie dem Drehen einer Zigarette, dem Einreiben ihrer Oberarme oder dem Herumblättern einer Seite in einer Illustrierten.

Was schade ist. Grashüpfer sind verzauberte Marathonläufer; aber wer küsst schon einen Grashüpfer, oder was fängt man mit einem Marathonläufer an, außer ihn laufen zu lassen?

Über die Post

Ich hatte einmal Partei ergriffen für die Post. Ich weiß, dass es wenige Gründe gibt, für die Post Partei zu ergreifen, aber ich mag meinen Briefträger und dachte, ich sei es ihm schuldig.

Ich hatte allerdings nicht mit solchen Reaktionen meines Hintermannes gerechnet. Eine gute Beziehung zu meinem Briefträger ist es mir doch nicht wert, mich seinetwegen so anschreien zu lassen. Auf jeden Fall ergriff ich also gerade für die Post Partei, als mein Hintermann konterte: »Ich will Ihnen mal was sagen, Sie Postsymphatisant. Dass die sich nicht schämen mit ihren ekelhaften, klebrigen Briefmarken, die man auf einer Seite ablecken kann, als wäre man eine Kuh, und auf der anderen Seite kann man sich an Motiven erfreuen wie HUNDERT JAHRE FISCHER-CHÖRE, als wenn die alle Platz finden würden auf so einer kleinen Stempelfläche, oder HUNDE BRAUCHEN BÄUME, und beim Ablecken der Marke denkt man sofort, die haben ihre Duftmarken auf diesem gezackten Zwergenpflaster hinterlassen, oder LECK MICH – 50 JAHRE DEUTSCHE SCHIMPFWÖRTER mit einer Po-Motivmarke, und schnell wird noch einmal alles abgeschlabbert, ähbäh, und ab geht die Post.«

Ich sag' Ihnen ganz ehrlich, da schrie jemand, der mit der Post seine Schwierigkeiten hatte. Ich stand einfach weiterhin vor ihm, hielt meine Paket und meine Paketkarte fest, rückte manchmal auf und hörte zu:

»Und dann diese unerträgliche Sturheit und Langsamkeit der Post. ›S o l l d a s e i n E i l b r i e f w e r d e n ?‹

Ich sterbe. Dass die sich nicht schämen, mit ihren kleinen Briefmarken auf erwachsene Menschen zuzugehen und dafür auch noch Geld zu verlangen. Sitzen die da den ganzen Tag mit ihren gelben Posthintern auf kleinen schwarzen Stempelkissen, und wenn dann ahnungslos eine Sondermarke vorbeischleicht, wird die dann mal eben mit großen Zungen abgeleckt und abgeschleckt, von oben nach unten, von links nach rechts, und dann kommt noch der dicke fette Stempel drauf und das genau auf das Gesicht der Dichterin für 1 Euro 44. Und ZACK Luise Hensel eins in die Fresse gehauen und ZACK Droste-Hülshoff voll auf die Stirn und ZACK Ingeborg Bachmann auf die gelben Raucherfinger geklopft und ZACK Christa Wolf auf den Himmel gedonnert, dass er sich teilt, und ab geht die Post und schnell in den Keller damit, und was dann passiert, das möchte ich gar nicht wissen, so gut vorstellen kann ich mir das, oh Postungeheuer.«

Das war die Stelle, wo ich mich dann aus der Schalterschlange 1 entfernt hatte, und mich lieber in die Schlange am Schalter 2 einreihte. Aber auch von dort hörte ich die Hasstiraden des Mannes, der nun nur noch mit sich selbst zu sprechen schien, obwohl alle zuhörten.

»Was die sich am Postschalter immer für eine Zeit nehmen. Zuerst wird dort allen die große Briefmarkensammlung gezeigt, mit Motiven aus der ganzen Welt, und dann wird geschlabbert und gestempelt, was das Zeug hält, von oben nach unten, von links nach rechts, wie es sich für Beamte gehört. Klar. Danach wird stolz mit den gelben Autos herumgejuckelt, mit dem Arm aus dem Fenster, wie Herr Sonnengott persönlich. Natürlich wird ab und zu auch angehalten, wenn sich der Postkasper mal wieder bequemt hat, einen Postkasten zu entdecken, »Herr Sparbier!« und später wird dann gemeinsam Postkarten gelesen, mit 'nem Bikinimädchen auf der Rückseite, und der Bundespräsident auf der Briefmarke lächelt dazu.«

Ich kam schließlich an die Reihe und war froh, das Postgebäude verlassen zu können, in dem mein ehemaliger Hintermann den Grund seines Kommens vergessen hatte und nun direkt auf den Postbeamten losging:

»Mir fehlen ihre gelben Paketkarten. Gut, die neuen sind weiß und selbstklebend, aber wozu haben Sie schließlich Ihre Zunge?«

Der Postbeamte schaute ihn nur an und schloss dann seinen Schalter und machte Mittagspause. Ich hörte im Hinausgehen meinen ehemaligen streitbaren Hintermann laut auflachen und dauernd diese Sätze wiederholen: »Stellen

Sie sich nicht an, stellen Sie sich an. Sie sollen sich nicht anstellen, Sie sollen sich anstellen!«

Da habe ich auch ein wenig lachen müssen. Vielleicht ist es das, was die Post so liebenswert macht. Sie bringt uns so oft zum Lachen, dass wir sie eher der Unterhaltungsindustrie zuordnen sollten anstatt der Dienstleistungsbranche.

Über das Geigenspiel

(Der Vortragende betritt mit einer Geige die Bühne.)

Wenn ich Geige spiele, weiß ich sofort, wo sich unser Hund versteckt hat. Huhu, Huhu – das klingt ja wie Waldi.

Wenn ich Geige spiele, habe ich sofort die Zutaten für eine Tomatensuppe oder ein Eieromelett zusammen. Praktisch, ich steh nicht auf Shopping, ich steh auf Chopin.

Wenn ich Geige spiele, erspare ich allen Kindern in der Straße, Geige spielen zu lernen. Und meine Kinder flehen ganz verstimmt: »Zieh endlich andre Saiten auf, wir sind schon ganz gespannt!« Meine Mutter wollte, dass ich als Kind Geige spielen lerne, sie wusste nur nicht, wie lang ich brauchen würde.

Heute denke ich manchmal: Jetzt, wo ich endlich die Grundbegriffe beherrsche, müsste ich nur noch taub sein wie Beethoven, dann würde auch das Üben mehr Spaß machen.

Wenn ich Geige spiele, weiß ich sofort, ob mein Nachbar, Herr Schlawinski, zu Hause ist.

(Spielt zum ersten Mal Geige.)

»Ich bringe Sie um, Sie Sandkastenpaganini!«

Er ist zu Hause. Ich warne Sie, Herr Schlawinski. Ich weiß, Sie mögen mich nicht, ich seh das daran, wie Sie Ihre Pistole halten. Ein falscher Ton von Ihnen, und Sie hören vor mir einen falschen Ton, und der kann töten. Mein Geigenbogen ist ein Degen und der Geigenkörper eine gefährliche K.O.-Maschine. Ich kann Kritik nicht nur vertragen, ich fordere sie sogar heraus.

(Spielt wieder Geige.)

Geige spielen ist Akupunktur auf einer anderen Ebene.

Geige spielen ist Butterbrotschmieren, und das Marmeladenmesser dazu steht unter Strom. Die Musik von André Rieu schmiert uns so an, seift uns so ein.

Geige spielen ist das Zupfen des Windes an Hochspannungsleitungen.

Geige spielen ist Pinkeln im Stehen, und das Urinal dazu steht in drei Meter Entfernung. Also für mich unmöglich!

Zum Glück haben wir alle eine andere Vorstellung von Schönheit. Ich kann mich noch an Zeiten erinnern, da war man bewusst ungepflegt und dachte, das sehe schön aus. Die Einzige, die sich nicht davon täuschen ließ, war meine Mutter: »Junge, geh zum Friseur, du siehst scheiße aus«, und wenn ich mir heute Fotos von früher anschaue, weiss ich, sie hatte recht, ich sah wirklich scheiße aus. Obwohl, auf Fotos sehe ich immer scheiße aus, außer die Polizei hat sie gemacht, aber dann kosten sie auch einiges ...

Zum Glück haben wir alle eine andere Vorstellung von Schönheit. Als ich heute durch Paderborn gefahren bin, dachte ich auch bei manchen neuen Ecken und Kanten: Naja, irgendeiner wird's schon schön finden ... aber er könnte nicht mein Freund sein.

Zum Glück haben wir alle eine andere Vorstellung von Schönheit. Ich habe sogar die Erfahrung gemacht, dass sich die Vorstellung von Schönheit verändert. Ja! Ich bin jetzt 46, und auf einmal höre ich gerne WDR 4. Verstehen Sie? Roger Whittacker: Abschied ist ein scharfes Schwert. Ich habe früher die Doors gehört. Jim Morisson: The End. Naja, wenigstens bin ich mir thematisch treu geblieben. Auf einmal höre ich gerne WDR 4, ich meine, wo soll denn das noch enden? Bei den Flippers.

Auf einmal mag ich Tulpen, ich habe früher nie Tulpen gemocht.

Auf einmal, mit 46, mag ich gerne Tulpen, wo soll denn das enden? Bei Nelken?

Und die anderen 46-Jährigen schweigen und sagen nichts, als wäre Älterwerden noch schrecklicher als ich es mir in meinen kühnsten Träumen vorstellen könnte.

Und dass Kondome ein Verfallsdatum haben, empfinde ich inzwischen als unerträglichen Leistungsdruck. Kürzlich kaufte ich mir mal eine 50er Packung Kondome, die waren nur noch zwei Tage gültig.

Sie können sich vorstellen, was das für zwei Tage waren. Und dann in Paderborn. Ich habe noch heute Freundinnen, die nicht öffnen, wenn ich vor der Tür stehe und drängle.

Manche Frauen beklagen sich oft, dass ihre Liebhaber so eine unromantische Eile an den Tag legen, vergessen aber oft, dass es auch am Verfallsdatum der Kondome liegen könnte …

(Spielt Geige.)

Wenn ich Geige spiele, kann ich wirklich sicher sein, dass ich nicht zu den drei Dingen gehöre, die meine Frau mit auf eine einsame Insel nehmen wird.

(Spielt Geige.)

Wenn ich Geige spiele, bin ich eine einsame Insel.

(Spielt Geige.)

Wenn ich Geige spiele, versteht kein Mensch mehr, warum der Geiger Nigel Kennedy nach dem Geigen sein Hotelzimmer zertrümmert – nach meinem Geigen zertrümmert sich mein Hotelzimmer von alleine.

(Spielt Geige.)

Wenn ich Geige spiele, widerlege ich endlich Hermann Hesses Dichterworte: »Und jedm Anfang wohnt ein Zauber inne.«

(Spielt Geige.)

Wenn ich Geige spiele, treibt meine Mutter endlich wieder Sport, auch wenn Boxen gegen einen, der sich nicht wehren kann, nicht richtiges Sporttreiben ist.

(Spielt Geige.)

Wenn ich Geige spiele, wollen alle gleichzeitig das siebte Geißlein sein, um sich im Uhrenkasten verstecken zu können, doch genau dort sitze ich wie in einer 1000 Watt Lautsprecherbox und spiele Geige, dass es kaum zum Aushalten ist:

Für meine Mutter. Mein neuestes Geigenstück: Nervous breakdown! Nervenzusammenbruch. Ein Geigensolo, welches aber nur in seiner Gesamtlänge von 72 Minuten wirkt! (Fängt an zu spielen.)

Der Geigengott schneidet Papier,
reißt Beine aus dem Spinnentier,
biegt Zeiger um, es bleibt nun vier,
und zittert los: »Oh, wie ich frier!«,
und zittert laut: »Oh, wie ich frier!«

Der Geigengott steht unter Strom,
sein filigraner Schwiegersohn
besäuft sich mit Mariacron
und nennt sich selbst den falschen Ton,
es gibt ihn nicht, den falschen Ton!

Über den Kaffeemesslöffel

Christina: Kaffeedosen leeren sich schneller als man denkt. Man trinkt und trinkt Kaffee und wirft dem Pulver, aus dem er entstand, weniger Blicke zu, als es verdient hätte.

Heiko: Typisch, der Goldesel soll uns auf ewig erfreuen. Das wirst du bereuen.

Willi: Irgendwann starrt ein Grund dich an. Im funkelnden Boden der Kaffeedose zwinkern dir deine Augen entgegen.

Heiko: Mit dem Bild der Spiegelung deutet der Dichter die Leere an.

Willi: Weiter!

Christina (trotzig): Zum Glück steht doch im Vorratsschrank eine in weiser Voraussicht gekaufte Kaffeepackung. Schnell eine Schere geholt und den in Goldfolie eingeschweißten Kaffee befreit. Ich mache das gerne, und bin da auf zack!

Heiko: Was vorher ein Block war, lässt sich nun gehen und wird locker und fügsam!

Willi: Weiter!

Christina: Die Küche erfüllt sich mit Kaffeeduft, nun wird selbst ein Heiliger, wer vorher ein Schuft war.

Heiko: Nun wird der Kaffee umgefüllt in die luftdicht verschließbare Kaffeedose.

Die Dose ist geschaffen für 500 Gramm, die Kaffeeverpackung definiert sich durch die gleiche Menge.

Christina: Das macht Sinn, da schlägt sich das eine mit dem anderen den Bauch voll. Das müsste hinkommen. Doch plötzlich merke ich, es wird eng für das Pulver. Am Rande oben drängelt der Kaffee sich und droht überzuquellen, nicht aus freiem Willen, sondern weil ihm sein Platz unter dem Hintern weggezogen wird. Er kommt doch nicht auf dumme Gedanken?

Willi: Weiter!

Heiko: Was machst du falsch? Was soll denn das? Was täuschte nur dein Augenmaß?

Willi: Weiter!

Christina: Denk, Denk, Denk, Stück für Stück, drehe ich die Zeit zurück.
Die Füllung der Dose, als Arbeitsschritt, erlebe in ich Gedanken noch mal mit.

Heiko: Plötzlich fällt es dir wie Schuppen von den Augen: Der Kaffeemesslöffel. In der Geschichte von Kaffee und Pracht ließest du den roten Kaffeemesslöffel außer Acht.

Willi: Ha, ich hab es gewusst. Er ruht, vom Kaffee überschüttet, auf dem Grunde der Dose und veränderte ihr Maß. Eingeschlossen wie ein Bergarbeiter in dem zusammengebrochenen Stollen, überschüttet von maroden Trägerbalken und dunklem Gestein. Allein gelassen von skrupellosen Genussmenschen, die für ihre dekadenten Bedürfnisse schlichtweg über Leichen schleichen.

Heiko: Mit dem Bild des eingeschlossenen Bergarbeiters im Stollen buhlt der Dichter um Mitleid für den ebenfalls eingeschlossenen Kaffeemesslöffel.

Christina: Weiter!

Willi: Ich kann es kaum glauben. Wie kann man nur so blöde sein und den Kaffeemesslöffel vergessen? Da wird doch der Hund in der Pfanne verrückt. Du hast den Kaffeemesslöffel vergessen. Oh Schande. Nun greift eine Freiwillige mit ihrer Hand in die Kaffeedose, holt den Kaffeemesslöffel wieder ans Tageslicht und stellt sich der Schuld.

Christina: Oh nein! Ich? Das kannst du nicht von mir verlangen. Das sinnlos angehäufte Kaffeepulver nutzt doch die Gunst der Stunde, lässt sich beim Herausziehen des Kaffeemesslöffels mittreiben, entflieht dem Dunkel der Dose. Nur ans Licht, nur in die Welt heraus, ist der Slogan. Chaos macht sich breit. Die Küche steht unter Kaffee und das alles nur, weil ich den Kaffeemesslöffel in der Kaffeedose vergessen habe. Oh bitte, ihr Menschen in der Provinz, vergesst mich nicht, wenn die Welt über mir zusammenbricht! (weint)

Heiko: Oh Greul, oh Graus! Welch starker Tobak! Jetzt wäre spontaner Applaus aufmunternd wie das Tröpfeln einer stark verkalkten Kaffeemaschine.

(Es kommt Applaus)

Willi: Was haben wir daraus gelernt? Was ist die Moral von der Geschichte? Was können wir besser machen, wenn die Gier uns korrumpiert? Noch mal zum Mitschreiben: Neigt sich das Kaffeepulver dem Ende entgegen, hol' automatisch erst den Kaffeemesslöffel aus der Kaffeedose, bevor du sie danach automatisch mit Kaffeepulver auffüllst.

Heiko: Welch eine Lehre: Schaffe erst Leere! (Dann an die Gewehre!)

Christina: Außerdem, wie will man den Kaffee portionieren, wenn noch der Kaffeemesslöffel im Kaffeepulver steckt?

Heiko / Willi / Christina:

Oh Kaffeemesslöffel,
klein aber oho!
Oh Kaffeemesslöffel,
wir brauchen dich so.
Oh Kaffeemesslöffel,
kleiner roter Fingerhut.
Oh Kaffeemesslöffel,
Du bist zu uns so gut.
Oh Kaffeemesslöffel,
wer dich erfand liebt den Genuss.
Oh Kaffeemesslöffel,
das ist nun gesagt und damit Schluss.

Über Geräusche

Ein versierter Arzt kann an dem »Ahhhh« seines Patienten erkennen, ob dieser Mundgeruch hat.

»Sagen Sie nicht ›A‹, sagen Sie ›O‹. ›O‹ wie ›ODOL‹!«

Es gibt leider keinen allgemeingültigen Laut, der nach dem Trinken von Bier akzeptiert wird. Viele Männer würden gerne, den Mund vom Schaum befreit, »Schmolz« sagen, trauen sich dies aber erst, wenn sie so betrunken sind, dass es keiner mehr verstehen kann.

Die Werbung versucht uns weiß zu machen, dass der Trinker nach dem Trinken gerne »Ahhh« sagt, aber der Wirt ist kein Arzt, und der Trinker kein Fremdsprachenexperte.

Kürzlich konnte ich in der Zeitung lesen, dass der Stolperlaut »Hoppla« verschwinden würde, weil alle stattdessen »Ups« sagen. Ich kann mich noch an Filmauschnitte erinnern, in denen Männer stolpernde Frauen auffingen und dabei »Hoppla« sagten. Stellen Sie sich vor, Sie sagten zu einer stolpenden Frau »Ups«, als würde Ihnen ein übergewichtiges Paket zugestellt und Sie müssten dafür Strafe zahlen. Beginnen heutzutage Romanzen mit einem »Ups«?

Es ist auf jeden Fall umstritten, ob man nach dem Küssen einer Frau »Mhm« sagen sollte. Wenn eine Frau einen Mann küsst und dabei »Schmatz« sagt, sollte man sich über den weiteren Verlauf des Abends nicht zu große Hoffnungen machen.

Ich kannte eine Frau, die sagte immer »Oh Oh«, wenn sie mich sah. Als hätte sie Angst, ich bekäme in ihrer Gegenwart wieder nur Kraftausdrücke heraus. Vielleicht müsste ich an dieser Stelle ergänzen, dass besagte Frau Politesse war und mich dauernd auf dem Kieker hatte: »Oh Oh«.

Ich kannte mal eine Frau, die sprach dauernd mit sich selber, ließ sich dabei aber kaum zu Wort kommen. Wer hört schon zu, wenn wir schweigen?

Ich kenne einen Mann, der bekommt eine Erektion, wenn sich seine Zentralverriegelung im Gehorsam übt.

Meerschweinchen piepsen, wenn sie etwas aggressiv wollen und trotzdem dabei sympathisch erscheinen wollen. Ich finde, da hätte sich die Natur andere Geräusche einfallen lassen sollen. Wer nimmt schon einen Piepston ernst? Löwen sollten als Drohgeräusche piepsen müssen und Meerschweinchen sollten uns mit deren »Uaaaaah!« überzeugen.

Könnten Nasen Ohren sein, säh' man sie öfter auf Furzkonzerten. Die Augen sehen vom eigenen Gesicht nur die Nasenspitze. Meine Ohren erkennen mich an der Stimme. Zum Glück ist die Nase weit von der Nase entfernt, sonst gäbe es doch schon mal Krach. Ach.

Über besondere Fähigkeiten

Kürzlich erlebte ich bei einem Aufenthalt auf einer Skipiste eine Sinnkrise. Ich hielt mich gerade in Österreich auf und nahm die Einladung eines Freundes an, in einer Skihütte seine geschätzten Germknödel mit Mohn und Butter zu probieren. Wie erstaunt war ich, als sich mir eine Welt offenbarte, von der ich zwar gehört hatte, die aber, mit eigenen Augen betrachtet, selbst den Aufenthalt auf dem Mond vertrauter erscheinen ließ. Wie verzaubert starrte ich auf die weiße Alpenlandschaft um mich herum, die von tausenden von Menschen genutzt wurde, um in Sekundenschnelle im Sturzflug wieder verlassen zu werden. Mein Freund und ich saßen in einer Skihütte, in der ein Schnellrestaurant zu den üblichen Speisen, aber auch zu Germknödeln in Vanillesoße mit Mohn und Butter einlud. Während mein Freund sich auf den Weg zur Speisenausgabe machte, schaute ich immer noch fasziniert aus dem Fenster und machte mir Gedanken. Ich sah Kleinkinder mit Sturzhelm und Raumfahreranzug, die auf klitzekleinen Skiern den Abhang hinuntersausten, als hätten sie noch nie etwas gehört von Angst oder den Teletubbies. Eines war sicher, sie konnten schon jetzt besser Ski fahren als ich Schlitten. Ich fragte mich verwundert, warum mein Leben in Paderborn mir diese Welt vorenthalten hatte. Ich fragte mich, was die Kinder in Paderborn den Menschen der Alpenregionen voraus hätten und womit sie Gäste aus anderen Teilen der Welt beeindrucken könnten. Eines ist sicher, den Vorsprung, den die Österreicher im Skifahren haben, können wir Paderborner nicht mehr aufholen.

Inzwischen stellte mein Freund das Tablett mit den beiden Germknödeln auf den Tisch. Sie sahen aus wie zwei runde weiße Brüste, die mit Mohnperlen bestreut waren. Sie schwammen in einem warmen See aus Vanille und schmeckten wie die Sünde süß. Ohne Scham kann ich zugeben, dass ich beim Vorstoßen auf ihr dunkelsüßes Pflaumenmusherz für Sekunden ohnmächtig wurde, bis ich erwachte und auf einmal wusste, was die Paderborner Kinder den anderen Kindern in der Welt voraus haben: die Paderborner Kinder können staunen. Im Antlitz des Großartigen stehen die Paderborner Kinder an der Scheibe des Wunders und drücken sich die Nasen platt. Was wäre Erfolg mickrig, was wäre Schönheit kümmerlich, wenn es nicht die Paderborner Kinder geben würde, die darüber staunen können. Lasst doch die anderen den Bären besiegen, lasst die anderen im Fernsehen den Hahn spielen – die Paderborner Kinder können staunen und entwaffnen die Welt mit ihrem »Kikeriki«. Der Staunende beurteilt nicht die Welt, er staunt darüber. O welche unvoreingenommene Gabe, o welch ein Glück! Aus Höflichkeit aß ich an diesem Erkenntnistag sogar meinen ganzen Germknödel mit Vanillesoße auf. Mein Staunen darüber machte es mir möglich, ihn am Ende sogar ehrlich »wundervoll« gefunden zu haben. Natürlich sehnte ich mich schon dabei wieder nach der groben Schönheit des dunklen Paderborner Brotes, das mich so sachlich auf all die vielen, viel zu süßen Köstlichkeiten der Welt vorbereiten würde.

Über die Kartoffel

I

In siebzig Jahren essen wir 180 Zentner Kartoffeln, das ist schon besser als umgekehrt.

»Esst nichts, was Augen hat«, sagen die Vegetarier, aber gilt das auch für die Kartoffel?

Ich sah eine Kartoffel, die war nur geduldet neben einem Braten und verdeckt unter einer Petersiliensoße, als wollte man ihren Anblick den Kindern ersparen.

Ich kenne einen Koch, dessen Namen keine Zukunft hat, der dekoriert seit kurzem die Kartoffel mit einer Nudel als Schweineschwänzchen.

Auch die populären Pommes Frites verstecken sich immer mehr unter einem Mayonnaiseberg, so als wäre ihnen ihr Nacktsein peinlich.

Muss die Kartoffel sich schon mit ihren Feinden zieren, um überhaupt noch beachtet zu werden?

Sicher, die Kartoffel ist dick, aber sie macht nicht dick: 100 Gramm Kartoffeln haben nur 85 Kalorien, zum Glück, während die gleiche Menge Reis 371 Kalorien hat . Trotzdem bezeichnen viele Fernsehköche den Reis als die angemessene Beilage der Zukunft, nur weil man den Reis den Brautleuten entgegenwirft, wenn sie sich gerade das Jawort gegeben haben. Aber ist die Ehe überhaupt noch zeitgemäß? Sollte man diesen Festakt nicht mit Kartoffeln beschmeißen, um dieser Institution ein für alle Mal zu zeigen, was sie ist? Scheiß mit Reis!

II

Haben Sie schon alles vergessen?

Den Kartoffeldruck.

Ein Bratkartoffelverhältnis.

Die Kartoffel als Herbstohrclips.

Als Pausenzeichen für den NDR.

Als Stoffel und Wolfgang beim Kartoffeltheater?

Alles schon vergessen?

Als kleinen Kloß, als großen Kloß, kein Trauerkloß?

Alles schon vergessen?

Ihre blinzelnden Augen, wenn wir sie aus dem dunklen Keller geholt haben und sie musste sich erst an das helle Licht gewöhnen.

Alles schon vergessen?

Ihren bizarren Humor: Ich Kartoffel, du Spagetti, er Banane, wir Lauch!

Alles schon vergessen?

Ihr übermütiges Treiben im kochenden Wasser, wenn sie sich uns so ganz nackt offenbart, nachdem wir ihr den dreckigen dunkelbraunen Badeanzug ausgezogen haben.

Alles schon vergessen?

Ihre treu blickenden Augen, wenn sie kurz vor dem Einschlafen alles um sich vergisst und ihr kleines Schlaflied trällert:

ho diwa wibo
mosula dimane
ih leman da mi
mosula tuto
al ca te marine
oh ne nasa mo
tumba tore tame
eh la ham ham oh

(Wo sie darüber klagt, dass sie den dunklen Keller mit den humorlosen Zwiebeln teilen muss? Diesen humorlosen Zwiebeln, die einen nur zum Weinen bringen, diesen humorlosen Zwiebeln, die zu doof sind, um Mau Mau spielen zu lernen, und eher fällt in China ein Sack Reis von der Theke, als dass sich eine Kartoffel in eine Zwiebel verliebt? Und dass sie manchmal lieber blind wäre, anstatt mit einer Zwiebel den Winter in einem kalten Keller zu verbringen? Und auch die Hölle kann man sich schön gestalten mit ein wenig Phantasie und Gottvertrauen?)

III

Singen wir nun gemeinsam, werfen wir uns dafür ruhig auch in Schale, das Lied von der Rettung der Kartoffel.

Der Kartoffel Tränen aus den dunklen Augen,
Schalk, senile Keime, die sich aufwärts wiegeln,
wollen stören, Strom ablesen, kurz besuchen
und dann doch drei Wochen bleiben. Den Projektor
für die Bilder von dem Urlaub aus dem letzten Jahr
haben sie gleich mitgebracht.
Diashows sind doch nur schön für die Dunkelbraunen,
die sich selbst auf Dias seh'n, allen andern eine Qual,
die da rufen tausendmal:
Rettet die Kartoffel!
Rettet die Kartoffel!

Heil'ge Martha, Beatrix, Heilige der Hauswirtschaft und der Küchenkunst, Ende Juli, am Geburtstag, ladet die Kartoffel doch als Nachtisch ein, statt Beilage. Stadt bei Lage, Stadt bei Lage, einen Moment, ich habe es gleich: Reiskirchen? Nudelhausen? Es liegt mir auf der Zunge.

Tut mir leid, tut mir leid. Uns're Zeit ist schon vorbei, und das war es mal wieder von unserer Sendung:

Rettet die Kartoffel!
Rettet die Kartoffel!
lalulalu la
Rettet die Kartoffel!
Rettet die Kartoffel!
lalulalu la

Der Kartoffel Schweigen ist auch ein Erzählen
von dem Boden, von der Erde, von der schwarzen Welt,
von verlornen Schätzen, von verschätzten Welten,
voll mit stumpfem Gold und goldnem Geld.
Mäuse, unterirdisch, nagen die Kartoffel
sich zum Weihnachtsurlaub auch als Höhlen aus,
fressen geil Kartoffelfleisch

als recycelten Verschleiß,
rollen roh und rund zurück ins Reihenhaus.

Stellen Sie sich vor, stellen Sie sich vor, Sie wären eine Kartoffel. Ich weiß, das ist nicht ganz einfach.

Umgeben von Erde, von Steinen, von Würmern, von Dreck und Kot.

Sicher, manchmal ist dort auch ein Kristall – plötzlich von oben ein Spatenstich,

sie werden herausgerissen aus Zusammenhängen,
nichts ist, wie es früher war.
Wohin mit uns, wenn wir woanders sind?
Prominente Kartoffeln bekennen auf Plakaten:
»Wir sind eine Kartoffel!«
In Fernsehsendungen geht es um Themen wie:
»Verdirbt der Kartoffelpuffer unsere Kinder?«
Und die Kinder rufen:

Rettet die Kartoffel!
rufen Ruth und Stoffel.
Wo sind die Pantoffel
für die Herbstkartoffel?!
Rettet die Kartoffel!
lalulalu la
lalulalu la

(Nachtrag: Am 29. Juli feiern wir das Fest der Hl. Martha und der Hl. Beatrix, den Schutzpatroninnen der Hauswirtschaft und der Küche.)

Über eine Schauspielkollegin

Söderbaum saß vor dem Schminkspiegel, spitzte und spreizte die Lippen und wünschte sich, er hätte noch echte Zähne. Er konnte froh sein, am Ende seines Lebens den Faust spielen zu dürfen. Er hätte lieber einen jugendlichen Liebhaber in einem Shakespearestück gegeben, aber er bemerkte an der Art seiner Rollenverpflichtungen, dass er in den Augen der anderen alt geworden war, welch ein Irrtum. Er sah sich im Spiegel an und fand sich attraktiv. Natürlich waren die Kollegen und Kolleginnen des Kammerspiel-Ensembles jünger als er, aber er hatte das ewig junge Herz des Zynikers, der selbst allein auf der Welt seine Autogrammkarten bereit halten würde für die Umarmungen seiner Fans. Er verneigte sich noch immer eitel, wenn der Regen an die Fensterscheiben klatschte, nur nicht mehr so tief. Er hatte geliebt und wurde geliebt, und auch das endgültige Ende der Liebe machte ihn nicht richtig traurig, sondern ließ ihn eher etwas Neues erwarten. Er schaute lange auf ein Foto, welches schief aus dem Spiegelrahmen ragte, und stellte es gerade. Eine wunderschöne Frau in einem Harlekinkostüm lächelte ihm auf dem Foto entgegen. »In ewiger Liebe für den wundervollen Söderbaum. Deine Hella van Boke«, stand in zierlichen Buchstaben auf der Karte. Er blinzelte seinem Spiegelbild übertrieben vertraulich zu und informierte es von dem Ende dieser ewigen Liebe: »Ich habe gehört, Kollegin van Boke spielt nicht mehr. Sie wäre der Entscheidung unseres Intendanten zuvorgekommen und hat ein Gastspiel angenommen in höheren Gefilden. Sie soll dort den Donner ersetzen. Kein Wunder bei ihrem Organ. Außerdem hat man mir zugetragen, dass sie ein schnelles Ende gefunden haben soll. Das glaube ich nicht. Auf der Bühne dehnte und zerrte sie alle Sätze, als hasse sie Poesie. Als säße Fellini im Zuschauerraum und wäre eigens gekommen, um sich ihre drei Sätzchen anzuhören.«

Söderbaum wiederholte langsam und unnatürlich gedehnt noch einmal, wie bei einer Stimmübung: »Ihre drei Sätzchen«, bevor er weiter lästerte: »Man hat mir unter vier Augen anvertraut, dass sie sich die Möglichkeit eines letzten Zitates hat entgehen lassen. Das glaube ich nicht. Ich glaube eher, das war eines ihrer berühmten Löcher. Sie war ja ohne Souffleuse quasi aufgeschmissen. Sie vergaß ja alles, was wirklich wichtig war. Da fällt mir ein, Hella, du bekommst ja noch fünfzig Euro von mir. Schön.«

Söderbaum schaute auf die Uhr. Es war Zeit, sich zu schminken. Die Vorstellung begann um halb acht.

»›Schön‹ war ja eines ihrer Lieblingsworte gewesen«, fuhr er fort. Söderbaum äffte seine ehemalige Geliebte übertrieben nach: »Wenn du etwas schön machst, und ich mache es dann schön, dann wird es bestimmt ganz schön«, bevor er die Stimme anhob, und zu einem imaginären großen Publikum schrie: »Ich bitte Sie, gerade ein Wort wie ›schön‹ schreit doch nach einem Zusatz wie ›wunder‹. Sie variierte es später mit dem Begriff ›super‹, auch um ihre Verbundenheit mit der Jugend zu demonstrieren, obwohl die Jugendlichen, mit denen sie sich umgab, schon alle über vierzig waren.

Meine männlichen Kollegen haben sie ja alle sehr geschätzt. Verstehen Sie das nicht falsch. Man wurde sie ja nicht los, wie einen Schnupfen. Sie verstand es ja schon falsch, wenn man ihr in den Mantel half. Meine männlichen Kollegen verstanden diese Zuwendungen immer als etwas ›Karitatives‹, wie eine Nachtwache im Krankenhaus.«

Söderbaum schaute sich im Spiegel in die Augen, bevor er sie mit einem schwarzen Stift umrandete, und flüsterte weiter: »Aus ähnlichen Motiven erschienen wir auch alle immer geschlossen zu ihren literarischen Abenden, wo sie aus ihrem einzigen Gedichtband ›Vertane Zeit‹ vorlas. ›Vertane Zeit‹ handelte von ihren Debütantenjahren beim Landestheater Detmold. Ihr vierter Mann, ein Kleinverleger, brachte diesen Gedichtband als Hochzeitsgeschenk heraus und hat sich von dieser Zusammenarbeit nie wieder ganz erholt. Ich sah kürzlich eine Inszenierung vom Landestheater Detmold – das auch nicht.

Während wir noch beim Essen waren, las sie bereits vor:

Vertane Zeit,
vertane Zeit,
was bleibt,
was bleibt,
vertane Zeit.

Oh mein Gott, selten verstand ich die Aussage eines Gedichtes so schmerzhaft schnell. Wenn wir später in gemütlich konspirativer Runde beisammen saßen, um über ihr Gedicht herzuziehen, hörten wir, dass sie bereits wieder in der Küche am Spülen war. Sie kam immer später im Schlafanzug hinzu und sagte, dass sie nun ihren Schönheitsschlaf gebrauchen würde. Ich meine, dagegen war immer schlecht etwas zu sagen. Das einzige, was ich an ihr hochschätzte, war ihr Alter. Ich hoffe, Hella, dass du im Himmel so erscheinen darfst, wie du auf Erden immer wirken wolltest, aber ich bitte dich, Hella, ich habe doch immer gewusst, welches Alter du gemeint hast.«

Söderbaum schüttelte den Kopf. Ganz in seinen Erinnerungen gefangen, bemerkte er nicht, dass eine junge Schauspielerin in die Garderobe gekommen war, etwas sagen wollte, es dann aber unterließ und einfach wieder unverrichteter Dinge ging, um nicht zu stören. Söderbaum seufzte, »Aaaah!«, und murmelte, »Wenn sie die Bühne betrat, dann seufzte man immer ›Aaaah‹, als wäre sie beinahe gestolpert, so eine Ausstrahlung hatte sie. Sie hatte immer diese Ausstrahlung, als würde sie beinahe stolpern, deswegen stand man so ungern hinter ihr. Wenn sie eine erotische Szene zu spielen hatte, dachte man immer, sie wolle die Wäsche wechseln. Gefühle wie Schrecken, Panik, Furcht bekam sie nur über die Rampe, wenn man ihr dabei auf die Füße trat.« Söderbaum lachte geziert und machte dabei das Lachen seiner Kollegin nach: »Sie lachte immer so, als käme sie gerade aus einem Skiurlaub. Sie bewegte sich auch so, als wären Ski die Bretter, die für sie die Welt bedeuteten. Ein Wunder, dass sie sich nicht dabei einen Gips überzog, sie überzog ja immer alles. Alles an ihr war ohne Maß und süßlich, wie mit Zuckerwasser überpinselt.«

Söderbaum nahm ihr Foto in die Hand: »Am unerträglichsten war sie, wenn sie mit Kindern zusammen war, dann kroch sie immer auf allen vieren über den Boden und machte dazu ›öht öht öht öht‹. Das sollte ein Bus sein.«

Söderbaum schüttelte den Kopf und schrie die junge Schauspielerin an, die wieder mutig in seine Garderobe gekommen war.

»Kennen Sie einen Bus, der ›öht öht öht öht‹ macht?«

Die Schauspielerin verneinte schnell und verließ kopfschüttelnd den Raum, ohne Söderbaum den Grund ihres Kommens wissen zu lassen. Söderbaum sprach weiter, als hätte er die Anwesenheit des anderen Menschen nicht wahrgenommen und würde sich auch heute weder kurz vor seinem Auftritt noch überhaupt in seinem Leben durch die Anwesenheit eines anderen Menschen aus der Ruhe bringen lassen. Er steckte das Foto zurück in den Spiegelrahmen.

»Aber so war sie halt, die Hella van Boke. Sie hat es geschafft, dass wir uns alle für unseren Beruf geschämt haben. Sie war das Damokles-Schwert, das über uns hing. Wedekind hat Recht. Die Lücke, die sie hinterlässt, repräsentiert sie am besten.«

Söderbaum war mit dem Schminken fertig. Er stand auf, zog sich bis auf die Unterwäsche aus und schlüpfte in sein Kostüm.

»Ich weiß noch, ich saß einmal mit Hella in unserer Lieblingsweinstube. Wir waren die letzten Gäste. Wir hatten ein wenig was getrunken. Wissen Sie, wir Schauspieler müssen manchmal etwas trinken, damit wir die Welt vergessen, damit wir uns ganz auf unsere Kunst konzentrieren können ..., da sagte ich zu Hella, ›Hella‹ sagte ich zu Hella, ›mir geht es heute nicht besonders gut, hättest du nicht Lust, mit zu mir nach Hause zu kommen?‹, wissen Sie, das war nicht böse gemeint, wir Schauspieler haben doch nur uns ... und da weiß ich es noch wie heute, da schaute sie mich lange an und sagte schließlich ›Nein‹. Ich glaube wenigstens, dass sie nein gesagt hatte, sie sprach ja immer sehr undeutlich, es kann auch sein, dass sie noch ›Wein‹ bestellen wollte, auf jeden Fall hielten wir uns dann einfach nur an den Händen und sind dann auch so aufgewacht.«

Söderbaum hatte dabei automatisch die Arme ausgestreckt, als wolle er jemanden willkommen heißen. Die junge Schauspielerin war zum dritten Mal in die Garderobe gekommen und stand verschüchtert im Wirkungsbereich dieser weit ausgestreckten Arme und sagte nichts.

»Was ist denn los?«, fragte Söderbaum, »Was soll denn dieses Hin und Her?«

Die junge Schauspielerin hielt einen Zettel hoch und sagte:

»Wir sammeln für Hella. Wir wollen Hella einen Kranz kaufen und sammeln für einen Kranz.«

Söderbaum traute seinen Ohren nicht.

»Ihr sammelt für einen Kranz?«, fragte er ungläubig.

Die junge Schauspielerin seufzte: »Wir sammeln für einen Kranz. Wir wollen Hella einen Kranz schenken.«

»Diese Hella, dieses Luder«, dachte Söderbaum, »nun wird sie mich doch noch zur Kasse bitten.«

Schweren Schrittes ging er zu seinem Garderobentisch, öffnete eine Schublade und entnahm ihr seine Geldbörse. Umständlich zupfte er fünfzig Euro heraus, überprüfte mehrfach, dass es auch nur ein Fünfzig-Euroschein war, und hielt ihn schließlich der Kollegin entgegen.

»Das Geld schulde ich ihr. Ich gebe es hiermit schweren Herzens und unter Zeugen zurück, aber kauft ihr einen rosa Kranz. Hella stand auf Rosa«, sagte er, weil er wusste, dass Hella alles, was Rosa war, hasste. Der Garderobenlautsprecher meldete sich: »Herr Söderbaum bitte zur Bühne kommen. Herr Söderbaum bitte zur Bühne kommen.«

Söderbaum lachte: »Kann man mich in meinem Schmerz nicht mal alleine lassen?«

Söderbaum stützte sich auf die junge Schauspielerin und sagte: »Freunde, der Boden ist arm, wir müssen reichlichen Samen ausstreu'n, dass uns doch nur mäßige Ernten gedeihn. – So mach ich's, so mach ich's.«

Söderbaum strahlte die völlig verunsicherte Kollegin an

und flüsterte: »Nun mein Kind, bring mich zur Bühne, wirf mich den Löwen zum Fraß vor.«

»Gern«, flüsterte sie und führte Söderbaum fort.

Über den Kühlschrank

(Der Vortragende hat einen weißen Anzug an, der beim Öffnen der Jacke Kühlschrankprodukte in allen Innentaschen freigibt.)

Manchmal gehe ich einfach zu meinem Kühlschrank, reiße die Tür auf und gucke, ob noch alle da sind.

»Was ist los, Milch, schon wieder sauer?«

Der Kühlschrank ist ein Mysterium. Obwohl man ihn selbst füllt, starrt man doch in ihn hinein, als müsste er uns stets mit seinem Inhalt überraschen. Ich bin jedesmal überrascht, wie gut mein Kühlschrank ausgeleuchtet ist. Ich habe schon auf Bühnen gespielt, da sah man mich nicht und musste mich suchen. Warum geht eigentlich beim Zuwerfen unserer Haustür nicht alles Licht im Hause aus. Das könnten wir von unserem Kühlschrank lernen, auch dass das Licht angeht, wenn wir nach Hause kommen, und dass dort, wenn wir die Tür öffnen, jemand sitzt, der für uns da ist.

Manche Dinge mit Verfallsdatum könnten länger existieren, wenn sie im Kühlschrank wären. Aber ich meine, wer will das schon? Ich habe mich mal eine Zeit lang in Karlsruhe aufgehalten, da lief es mir den ganzen Tag kalt den Rücken herunter. O.K., ich hatte Arbeit, schuftete für Bofrost, hatte eine Freundin, eine Eistaucherin, aber den ganzen Tag immer von Kälte und Dunkelheit umgeben zu sein, brrrrr. Manchmal, wenn Besuch kam, die Tür aufriss und einen von außen betrachtete, wurde es hell, und man bekam kurz einen Eindruck von dem, wo das Leben anderswo frühstückte.

Ich meine, ich habe mal einen ganzen Abend mit einem linksgedrehten Joghurt zugebracht, ich weiß, wovon ich rede. Haben Sie mal versucht, eine Butter zum Lachen zu bringen? Ich habe mal ein Iglo-Fischstäbchen-Puzzle zusammengesetzt, und es kam am Ende trotzdem dabei kein Fisch heraus. Oh nein, was erzähle ich wieder? Ich sag Ihnen was, es ist nicht immer schön, vor lauter Frieren seinen Pullover nicht angezogen zu bekommen und dies erst in Karlsruhe zu entdecken.

Ehrlich, es sollte Lebensmittel geben, die eigens für die Kühlschranklagerung gestaltet worden sind. Stellen Sie sich doch mal eine 1-Liter-Milchtüte neben einem kleinen Löwensenf-Glas vor, da stimmt doch was nicht. Da erleben Sie einfach Unterschiede, auch rein geschmacklich.

Manchmal denke ich, die Möglichkeit, mich in meinem Kühlschrank umzubringen, habe ich schon als Dreijähriger verpasst. Aber im Kühlschrank herrschen andere Gesetze. Ich wundere mich auch, dass der Salat im Kühlschrank so aufblüht. Der hält sich im Kühlschrank, dabei ist er längst tot. Das einzige, was ihn noch scheinbar am Leben hält, ist sein nicht stattfindender Verwesungsprozess.

Seit gestern geht in meinem Kühlschrank das Licht nicht mehr. Ich habe den Verdacht, der Emmentaler will nicht, dass ich bemerke, er ist längst abgelaufen. Ich bin mir sicher, dass die meisten der Typen, die in meinem Kühlschrank hausen, ihre beste Zeit schon hinter sich haben und nur nicht wissen, wo ihr Zuhause ist.

Dass alle im Kühlschrank so gut miteinander auskommen – Milchprodukte, Tiefkühlkost und Gemüse, liegt nur daran: der Mensch kommt sich eher näher, wenn er friert. Erst in der gemeinsamen Not entdeckt der Mensch, wie sehr er sich braucht.

Über Gottesnähe

I

Ich habe einen Freund, der ist Gott verfallen. Wo er geht und steht muss er helfen und verteilt Zettelchen. Manchmal schüttelt er Entgegenkommenden lange die Hand, fragt dies und das, als nehme er ihnen die Beichte ab. Gestern hielt er mich am Arm fest und flüsterte viel zu leise: »Ich backe mit anderen gottesfürchtigen Menschen Brot. Wir suchen herzensgute Menschen, die unsere Arbeit unterstützen.«

Ich ahnte Schlimmes und schaute deutlich auf meine Uhr. »Ich hoffe sehr«, flüsterte er weiter, »du weißt ein gutes Brot zu schätzen und kaufst es bei uns. Denk bloß nicht, wir sind nur arme Irre, denn Gottes Gaben schlummern auch im Sauerteig.« Er drückte mir einen Zettel in die Hand, auf dem neben Auszügen aus dem Johannes-Evangelium auch seine Brotkontaktadresse zu lesen war. »Schmeiß ihn nicht gleich weg«, warnte er und ließ endlich meinen Jackenärmel los. »Ich rechne mit dir«, warnte er weiter, »und hoffe, nicht in deiner nächsten Geschichte vorzukommen, sonst straft dich Gott mit einem schlechten Auftritt und einer hässlichen Platzwunde.«

Ich schüttelte verängstigt den Kopf und sagte, dass ich so etwas nie machen würde und beschloss, den Zettel ungelesen fortzuschmeißen und diese Geschichte aufzuschreiben. Was sind wir nur für arme Irre.

II

In Detmold lebt ein Friseur, mit dem saß ich als Schüler in einer Klasse. Manchmal besuche ich ihn und lasse mir von ihm die Haare schneiden. Letztes Mal erzählte er mir, dass George Harrison gestorben wäre. Neben mir saß ein älterer Lipper, ein Bäckermeister, und fragte, wer denn George

Harrison gewesen sei. Mein Klassenkamerad, seine Mitarbeiterin, die dem Lipper gerade die Haare schnitt, und ich schauten uns über Spiegel und in echt an und legten los. Wir erzählten von den Anfängen der Beatles in Hamburg, dass Harrison immer der Stille der vier gewesen war und sangen schließlich gemeinsam »Here comes the sun«. Wir erklärten dem Lipper, dass George Harrison der Konditor unter den Bäckern gewesen wäre. Wie erstaunt waren wir dann, als wir uns wieder im Spiegel fanden und völlig entgeistert feststellten, dass mein Klassenkamerad und seine Mitarbeiterin uns eine Beatlesfrisur geschnitten hatten. Neidisch bemerkte ich sogar, dass dem Lipper der Pilzkopf besser stand als mir.

III

Nachdem der Papst 1996 Paderborn besucht hatte, ging das Gerücht um, dass gegen eine hohe Geldsumme sein mehrmals benutztes Bett noch einmal zu mieten war. Man dürfe dann unter der gleichen Bettwäsche schlafen wie er und ein wenig von seiner Gottesnähe atmen. Ich stand dann eine Woche vor dem Leokonvikt um diese einmalige Krafttankaktion zu nutzen, aber leider sprach mich kein Papstbettvermieter an. Ich träumte dann einmal, dass die Papstbettwäsche nach frischem Brot riechen würde.

IV

Einmal spielte ich vor meinem Arbeitsminister Walter Riester. Ein kleiner SPD Ortsverein hatte den Auftritt organisiert und dazu weder Scheinwerferlicht noch einen schwarzen Vorhang besorgt. Vor der Veranstaltung hatte eine Podiumsdiskussion stattgefunden, die sich um die Zukunft von Arbeit sorgte, zumal gerade in Westfalen sehr viele Bäcker, Bühnenbauer und Beleuchter arbeitslos waren. So war es kein Wunder, dass die Stimmung im Saal eher gedrückt war – aber meine auch. Plötzlich, während der Vorstellung, passierte etwas. Der Arbeitsminister lachte und amüsierte sich. Wie ansteckend der Applaus eines Arbeitsministers sein kann! Der Auftritt lief auf einmal wie geschmiert, als gebe es ab sofort einen schwarzen Vorhang und volles Bühnenlicht. Die Stimmung wurde sogar so gut, dass ich dachte, der Arbeitsminister mag als Arbeitsminister sein wie er will, meinen Arbeitsplatz hatte er auf jeden Fall geriestert. Tatsächlich wurde ich nachher gefragt, ob ich noch einmal für die SPD spielen würde, aber da sagte ich natürlich: »Nein.«

V

In der Notfallstation am Bahnhof hingen an der Wand zwei Nägel. Ich saß davor mit einer hässlichen Platzwunde und schaute auf die leere Stelle. Weil an diesen Nägeln kein Bild hing, musste ich mir selbst vorstellen, welches Motiv diesen Platz wohl verschönert hätte. Ich stellte mir vor, dass dort ein Bild von meinem Freund hängen würde, wie er mit anderen Gläubigen am Brot backen war, und beschloss, nun ein Brot zu kaufen, aber wirklich nur eins.

Über Balkone oder Die bewohnbare Schublade

I

Der Aufenthalt auf dem Balkon wird oft unterschätzt. Er gilt nicht als Reise, sein Erholungswert ist umstritten. Die Welt betritt ihn kurz und schnappt nach Luft. Warum eigentlich? Der Balkon ist das Tor zur Welt, er fördert unsere Nähe zu Gott. Er ist Gummizelle und Meditationsraum, Insel in der Brandung und Sitz der Kinder des Olymps. Welche Qualen nimmt man an, um sich woanders ganz nahe zu sein? Welche Demütigungen sitzt man aus, um in der Ferne sich doch nur nach Hause zu sehnen? Erst ein vierwöchiger Urlaub auf dem 1569 Meter hohen Mount Waialeale auf der Insel Kauai, wo es im Jahr an 350 Tagen regnet, brachte zum Beispiel mich zur Besinnung. Dort entdeckte ich das Land, welches sich wie eine Schublade unter einer Schublade aus meiner Häuserwand schiebt, meinen Balkon. Ich flog zurück zu meinem Ursprung und plante von dort aus die Reise, die mich zwar auch zwang, mein Zuhause zu verlassen, aber trotzdem in Reichweite von ihm blieb. Ich wurde Reisender auf einem Balkon. Ich war fort und doch da. Ich tat nichts und erlebte alles. Ich besetzte wie ein Gejagter einen Fluchtraum, einen Platz, der so groß war wie mein Klo: meinen Balkon.

II

Viele Balkone werden im Winter wie eine Krimskramsschublade gefüllt. Nach und nach quillt er über, voll gestellt mit ausrangierten Elektrogeräten, vergessenen Rotweinflaschen, wuchernden Blumenampeln und dem ungeliebten Trimmrad. Betritt man an Sonnentagen dieses Biotop, ist man überrascht, in diesem Chaos einen neuen Zusammenhang zu entdecken. Der Balkon gehört zu den letzten wilden Landschaften unseres Jahrtausends. Waren im Deutschland des 8. Jahrhunderts, zur Zeit Karls des Großen, noch neunzig Prozent des Landes mit Wald bedeckt, gilt heute schon eine Verkehrsinsel als grüner Mikrokosmos.

Galt im 17. Jahrhundert noch die Natur als das Rohe, Hässliche, Wilde, welches es zu gestalten gilt, genießt der Balkonreisende heute den verwahrlosten Balkon als schützenswerte Urlaubslandschaft: Pelargonienblumen, halbsukkulente Balkonpflanzen aus trockenen Regionen erschrecken mit platzenden Zellen bei zu hoher Wasseraufnahme der Wurzeln und gleichzeitiger niedriger Wasserabgabe der Blätter. Thripse und Blasenfüße, saugende Insekten, kriechen in Spalten und Balkonritzen, Sonnenschirmständer und Bierdosen. Amerikanische Blütenthripse hausen in Gottes Leuchten, Knospen und Blüten, machen sich breit zu Verkrüppelungen und Nekrosen. Schlappen von Blättern, befallen durch bakterielle Welke, Opfer von Trauermücke und Laus, vergilben, sterben ab und kringeln sich auf Altpapier und Grillkohle. Der naive Balkontourist, ausgestattet mit Unterhose und Zigarette, schlendert wie ein Lehrer in seine Klasse und erlebt so nichts ahnend die Abgründe der menschlichen Existenz. Im Balkonurwald entdeckt er sich als hilflosen Mittelpunkt und gereizten Schöpfer. Wenn es stimmt, dass Gott die Welt in sieben Tagen erschaffen hat, dann stand er dabei auf einem Balkon. Gott hat an die Stelle des Naturganzen wieder den Ausschnitt gesetzt, den Balkon.

III

Nicht jeder Balkon lädt zu einer Reise ein und mancher ist als Urlaubsziel genauso wenig geeignet wie gewisse Regionen in Ostwestfalen. Ausgehend von einem Bericht der Forschungsgemeinschaft »Wohnen und Reisen« erlauben fünf Balkontypen mit unterschiedlichen Nutzungsmöglichkeiten die neuen Reiseerfahrungen: 1. Der normale Wohn- und Urlaubsersatzbalkon. 2. Der Kleinbalkon, geeignet zum Ausbürsten von Safarihüten (oder zum Aushängen von Picknickdecken als Fahnen). 3. Der schlichte Balkonaustritt (oft eine Fenstertür mit rostigem Schutzgitter zum Vertreiben der Zimmergeister). 4. Der Meditationsbalkon, ein Außenwohnraum als karge Augenwischfläche zur Reise nach Innen. 5. Der durchlaufende Balkon, der in seiner Nutzung als Liegeterrasse bei Krankenhäusern und Sanatorien stets als innerer wie auch äußerer Fluchtweg dient.

Auf allen diesen Freiräumen ist der Zustand des Verreisens nachvollziehbar und erlernbar. Natürlich bestimmen Größe, Lage und Ausrichtung das Urlaubsspektrum. Vor allem in den sechziger und siebziger Jahren schuf die rasterhafte Gleichheit in der Architektur vielfach Minimalnormierungen, die noch heute als Meditationsbalkone Sonnenanbetern Erleuchtung bieten. Die Balkonmaxime: Statt zu sagen: »Sitz nicht einfach nur da, tu irgendetwas«, forderte Thich Naht Hanh das Gegenteil: »Tu nicht einfach irgendetwas; sitz nur da.«

Besondere Ausrichtungen erleichtern noch diese Reisen ins Nichts. Straßenbalkone, die den einsamen Beobachter am Geschehen teilhaben lassen, fördern an verkehrsreichen Straßen mit Lärm- und Abgasemissionen einen unverfälschten Einblick ins eigene Innere. Mangelnde Sonnenbestrahlung durch die Ausrichtung nach Norden oder Osten unterstützen auch diesen Grundkurs in die eigene Wirklichkeit. Eine exponierte Lage, eine allzu dichte Bebauungsstruktur lassen durch direkte Einblickmöglichkeiten den Balkon zur Bühne werden, was zum Glück die ungezwungene Privatnutzung auch mal einschränkt. Heute Abend Balkontheater: Familie Soreck spricht Thoreau: »Es ist umsonst, wenn wir von einer Wildnis träumen, die in der Ferne liegt. So etwas gibt es nicht. Der Sumpf in unserem Kopf und Bauch, die Urkraft der Natur in uns, das ist es, was uns diesen Traum eingibt.«

IV

Gerade das Reisen auf dem Balkon bedarf spezieller Vorbereitungen und Einstellungen:

a) Vor Reiseantritt sollte man den Magen nicht zu stark belasten. Eine leichte Mahlzeit am Vorabend und vor Antritt der Fahrt, dazu reichlich Mineralwasser, Schorle oder Früchtetee beschäftigt fürs erste den Magen, ohne dass er überlastet ist. Karl Liebknecht verkündete so von einem Balkon die »freie sozialistische Republik«. Ich beobachtete so Frau Soreck, wie sie auf ihrem Balkon Wäsche aufhing und schrie: »Die Wildnis ist ein Überraschungszustand!«

b) Empfindliche Menschen sollten sich einen angemessenen Balkonsitzplatz suchen. Im Auto sitzt man besser vorn, im Flugzeug sind die mittleren Plätze die ruhigsten, das Schiff ruht in der Mitte, auf der windabgewandten Seite hört man die Gischt. Auf dem Balkon macht man sich klein. Aber, Sie sind das Herz des Balkons, man darf es spüren. Links, wo es schlägt, soll Ihr Reisestuhl stehen. Der Aufenthalt auf der linken Seite ist nicht in der Mitte und trotzdem von einnehmender Präsenz. Von hier aus lässt man dem Pizzadienst das Körbchen herab und verdrückt dann sein Essen wie ein blinder Passagier. Wichtig: Verlassen Sie Ihr Versteck nur, wenn Sie sich vor dem Gesamtüberblick fürchten und lieber selbst betrachtet werden wollen als zu betrachten.

c) Behalten Sie nach Möglichkeit den Horizont fest im Visier. Erinnern Sie sich an Ihre Träume und verzweifeln Sie nicht. Leben ist veränderbar, der Tod kaum. Auf dem Balkon hat man den Abgrund vor Augen. Bedenken Sie das, wenn Sie über ihm stehen. Sie sind der Herr des Abgrunds. Ein Balkonreisender hat keinen Ruf zu verlieren. Sie sind der Ruf. Rufen Sie in den Abgrund Ihre Verzweiflungen, er wird Ihnen antworten (gerade zur allgemeinen Schlafenszeit).

d) Empfangen Sie stets reichlich frische Luft. Nur wenn Sie verwundbar bleiben, wird der Wind Sie berühren.

Im Flugzeug richten Sie die Luftdüsen auch direkt auf Ihr Gesicht. Sie sind das Windrad. Locken Sie den Wind auf Ihren Balkon. Er kündet von ewiger Reise.

e) Wenn Heimweh und Übelkeit Sie überfällt, legen Sie sich hin, schließen die Augen und atmen tief durch. Balkonreisen können gefährlich sein. Lassen Sie sich vorbeugend von Ihrem Arzt ein Pflaster mit dem Wirkstoff Scopolamin verschreiben. Es muss vier bis sechs Stunden vor jeder Reise auf die Haut geklebt werden und behält dann seine Wirkung bis zu 72 Stunden. Dieser Wirkstoff schränkt das Reaktionsvermögen ein. Sie denken, Sie gehen auf dem Kopf. Gehen Sie einfach mit.

V

Ich bin ein Reisender ohne Ziel. Ich fühle mich wie der erste Mensch, der von etwas Besitz ergreift. Mein unbekannter Planet ist ein Balkon. Ich besetze dieses fremde Land und stelle meine Fahne in den Sonnenschirmständer. Wächst mir etwas über den Kopf, strecke ich mich. Laut Musterbauordnung beträgt die Mindesthöhe für meine Umwehrung 0,90 Meter (bei einer Absturzhöhe von 12 Metern). Auch um den Preis ewiger Todesangst und Verantwortung bleibe ich sitzen und herrsche.

Über die Liebe

Sie rannte sofort nach seinem Anruf los und kam davon so außer Atem, dass sie eine Zeit lang Luft schnappen musste, bevor sie hinter der Litfasssäule hervortrat und sich ihm gegenüberstellte wie eine Dampfmaschine.

Er umarmte sie zur Begrüßung wie ein Krake, als wollte er beweisen, wie stark er war, obwohl er kein Fleisch aß.

»Lassen Sie mich los«, lachte sie, »ich bin doch keine Blend-a-med.«

»Wieso denn Blend-a-med?« fragte er und wusste gleich die Anwort selbst: Weil sie vom Drücken rote Streifen im Gesicht bekommen hatte.

»Hat Blend-a-med nicht grüne Streifen?«, fragte er und ärgerte sich sofort darüber; Frauen schüchtert Klugheit so schnell ein. »Sie zittern ja«, sagte er schnell zu ihr.

»Ich zittere immer, wenn ich glücklich bin«, sagte sie und hoffte, er würde ihr nicht seine hässliche Jacke überhängen; dafür hatte sie sich nicht schön gemacht.

Du, du, du, du. Augen zu, Augen zu!

Er hatte sich beim Schönmachen extra für eine Boss Unterhose entschieden und gegen seine Feinripp Lieblingsunterhose. Sie brauchte noch nicht zu wissen, wie er wirklich war. Es konnte aber nicht verkehrt sein, wenigstens beim ersten Treffen so schön zu sein, wie es gerade angesagt war. Sie konnte ruhig ahnen, dass er sich nur für sie verstellte und in Wirklichkeit mehr auf seine inneren Werte Wert legte, wie man eine gewisse Trägheit auch umschreiben kann.

Sie dachte beim Duschen so oft an ihn, dass sie nicht mehr wusste, ob sie sich schon die Ohren gewaschen hatte, da wusch sie sie lieber nochmal. Natürlich fielen ihm dann vor allem ihre roten Ohren auf, und er hoffte, bei dem Spiel: »Ich sehe was, was du nicht siehst, und das ist rot« nicht zu sehr auf ihre Ohren zu starren und statt dessen wie gewünscht »Deine Lippen« hervor zu bringen. Deine Lippen Lippen, deine Lippen Lippen.

Augen zu, Augen zu,
ich bin ich und du bist du?
Denk dich so, als wärst du ich
und wir sterben königlich,
fest umklammert, Kinderbibel,
eins geworden, kompatibel,
bist du ich und ich bin du,
Augen zu, Augen zu.

Er beschloss, mit ihr nicht über Fußball zu reden, hoffte aber insgeheim, dass sie davon anfing. Vielleicht brachte sie ja Glück und war das Maskottchen vom TUS Neuhaus.

Alle seine Freundinnen hatten sich bisher beklagt, dass er so Fußball vernarrt sei, dabei trug er seinen Arminia Bielefeld-Schlafanzug nur, wenn diese verloren hatten, O.K., also quasi immer.

Er erzählte ihr von der Treue, und dass auch Uwe Seeler Zeit seines Lebens dem HSV verbunden blieb. Mist, jetzt hatte er doch wieder vom Fußball erzählt.

Er erzählte ihr, wie wichtig Kinder sind, und dass ihm die Nachwuchsförderung mehr am Herzen liegen würde als dem DFB. Mist, jetzt hatte er doch wieder vom Fußball erzählt.

Er überlegte, welches Thema er anschneiden konnte, das mit Fußball überhaupt nichts zu tun hatte, ach ja: Die deutsche Nationalmannschaft.

»Können Sie nicht mal etwas Vernünftiges sagen?«, fragte sie.

»Ja«, sagte er, »ich finde, dass Nasebohren ohne Fingernägel nicht richtig zur Sache kommt. Es kommt nichts dabei heraus. Klavierspieler haben keine Fingernägel, um beim Klavierspielen ein Mitklappern zu vermeiden. Ich hörte nun, dass Klavierspieler ihre Notenumblätterer dazu nötigen, ihnen beim Popeln zur Hand zu gehen. Die armen Notenumblätterer, die zum Notenumblättern berufsbedingt lange Fingernägel brauchen, werden also gezwungen, sich in dieser Weise in der Öffentlichkeit zu erniedrigen. Welches auch einer der Gründe ist, dass die Notenblätterer unter starken Nachwuchsproblemen leiden.«

»Wie der DFB?«, fragte sie.

»Genau!«, sagte er und lächelte. Der Abend war gelaufen. Augen zu und durch.

Sie hatte Angst, ihn beim Küssen zu verfehlen. Er drehte sich manchmal abrupt zum Fernseher hin und schaute sich dort beim Lieben zu.

Er hatte mal eine Frau geküsst und dabei ihre Zähne gezählt, allerdings war das für einen Wettbewerb gewesen.

Sie hoffte, dass man sich noch so küsste, wie man sich früher geküsst hatte, sie hatte sich schon so lange nicht mehr richtig geküsst. Sie hatte mal vom Küssen Nasenbluten bekommen, aber auch nur, weil sie danach gegen eine Wand gelaufen war.

»Entschuldigen Sie, wenn ich mich so ungeschickt anstelle«, flüsterte sie, »ich habe mich seit Monaten nur mit Kindern unterhalten, ich weiß gar nicht mehr, wie man sich so gibt.«

»Es kann sein, dass ich mich stark verändere, wenn wir uns küssen«, warnte er.

»Werden Sie dann endlich ein Prinz?«, fragte sie und hoffte, er würde ihr danach das »Du« anbieten.

Er trug auf dem Tablett ein Tablett, als wäre das obere Tablett besonders wertvoll und das untere Tablett ein Tabletttablett. »Sie hatte sich von mir ein Tablett gewünscht, da wollte ich es besonders präsentieren und legte es auf das Tabletttablett. Erst später hörte ich, dass sie sich kein Tablett von mir gewünscht hatte, sondern eine Tablette, die mir helfen sollte, besser zuzuhören. Später schenkte sie mir oder dem, was von mir noch übrig blieb, auf diesem Tablett meinen Kopf.«

Missverständnisse, Missverständnisse!

»Ich dachte doch, die Frau aus dem Bus winkt mir zu, dabei wischte sie nur das beschlagene Fenster frei.

Ich dachte doch, sie streckt ihren Fuß nach mir aus und lockt mich damit herüber, dabei machte sie nur eine Dehnübung in der Sonne und ließ dabei ihren Fußnagellack trocknen.

Ich dachte doch, sie hätte mir einen Liebesbrief geschrieben und ihn im Misstrauen auf die Fähigkeiten der Post selbst hinter den Scheibenwischer meines Autos geklemmt, und dann war es doch nur ein Strafmandat von einer Politesse, die es mir mal richtig besorgen wollte.«

Missverständnisse, Missverständnisse!

»Ich dachte doch, sie wollte mit mir tanzen, dabei suchte sie nur ein Leichtgewicht, an dem sie ihren neu erlernten Judogriff ausprobieren konnte.

Ich dachte doch, sie hätte das Tempotaschentuch absichtlich fallen lassen, damit ich mich als Kavalier der alten Schule bücke und es ihr hinterher bringe, und dabei war sie auf Inlinern, und ich noch vom Bücken wie ein Klettergerüst erstarrt.

Ich dachte doch, sie schaute mich die ganze Zeit über an, dabei schlief sie nur hinter ihrer entspiegelten Sonnenbrille und bewegte dabei nicht den Kopf, obwohl sie gerade von ihrer Enthauptung träumte.

Ich dachte doch, sie sei eine Finnin aus der Bekleidungsindustrie, dabei hatte sie nur eine Gänsehaut und fror wie ein Schneider.«

Missverständnisse, Missverständnisse!

Über Paderborn – Vom Leben am Fluss

Ich habe immer gesagt, dass der Apfelkuchen bei Weyhers ein Grund ist, gelebt zu haben. Zum Glück gibt es in Paderborn den Haxtergrund, wo sich Herr Weyher niedergelassen hat, um seine Gäste zu verwöhnen. Sein Apfelkuchen gehört zu den Dingen, die alle Moden überlebt haben und so selbstgemacht, so großzügig mit Sahne belegt, einfach für Frieden sorgen. Ich habe diesen Apfelkuchen schon als Schüler gegessen, blieb ihm auch als Jugendlicher treu und lebe noch immer mit der Frau zusammen, die diesen Apfelkuchen auch für sich entdeckt hat. Ja, manchmal reicht es mir, jemanden vor mir zu haben, dem man dabei zuschauen darf, wie er Weyhers Apfelkuchen genießt und dabei ›Mhm‹ macht. Ich bin mir sogar sicher, dass wir am Ende unseres Lebens Weyhers Apfelkuchen verdanken werden, dass wir jung geblieben sind und noch Sehnsüchte haben.

Ich saß mit meinem Freund Carsten bei Herrn Weyher, unsere Kinder spielten im verrauchten Gastraum. Es war draußen zu kalt, um auf dem Kinderspielplatz zu toben, so hockten wir im Raum mit dem Flugzeugmobile und

schauten aus dem Fenster ins Tal hinunter. Plötzlich kam Herr Weyher aus der Küche gelaufen mit einem Tablett, auf dem zwei Weizengläser standen. Er lief mitten in den Raum und rief: »Ihr glaubt es nicht, sie haben das World Trade Center in die Luft gehen lassen. Es kam gerade im Radio.« Dann schüttelte er den Kopf und nahm wieder das Tablett mit den Weizengläsern zurück in die Küche. Am Fenster saßen zwei Gäste, die auf ihr Weizenbier warteten, aber plötzlich keinen Durst mehr darauf hatten. Ich aß gerade meinen Apfelkuchen mit Schlagsahne und kam mir vor wie auf einer Insel.

II

Paderborn ist von Wasser umgeben. Die Pader, Deutschlands kürzester Fluss, umspült den Innenstadtkern und begleitet die Ostwestfalen auf Schritt und Tritt. Der kleine Fluss plätschert manchmal so frech an den Füßen vorbei, dass man über ihn springen muss. Wer nicht einmal in seinem Leben mit Paderwasser in Berührung kam, gilt nicht als echter Paderborner.

Eines ist sicher, der Sprung über die »Warme Pader« ist aufregender als eine virtuelle Fahrt mit dem Computer durch den Weltraum. Dass die Warme Pader ganzjährig eine Temperatur von 15 Grad hält, ist dabei sicherlich auch gut zu wissen. Direkt in der Innenstadt, im Paderquellgebiet, entspringen über 200 Quellen, aus denen 5000 Liter Wasser pro Sekunde strömen und sich nach der Vereinigung der sechs Quellbäche auf den Weg zur Lippe machen: 1. Warme Pader 2. Dammpader 3. Börnepader 4. Rothobornpader 5. Dielenpader 6. Maspernpader. Manchmal sieht man an ihren Ufern Menschen stehen und denkt, sie füttern Enten mit Brot.

III

Das strömende Wasser im Herzen der Stadt hat Paderborn zu einer duftenden Kuchen- und Brothochburg gemacht.

Das kastenförmige »Paderborner«, dem man seine Roggen-Weizen-Mischung ansieht, ist in der ganzen Welt bekannt. Papst Johannes Paul II. aß während seines Besuches 1996 nur dieses Brot und ernannte 2001 Erzbischof Dr. Johannes Joachim Degenhardt zum Kardinal.

Dieses Brot, welches an den Seiten ohne Kruste glänzt, verdankt dies seinem engen Zusammenstehen mit anderen Broten in viel zu kleinen Backöfen. Alles Gute hier entsteht aus Enge, Vertrautheit und Improvisation. Der Paderborner hat gelernt, in der Enge zu leben, indem er sich selten bewegt.

IV

Der Paderborner steht gerne herum und ist in sich gekehrt. Ich sah einmal Paderborner vor dem Eiffelturm stehen, die waren in sich gekehrt und mit den Gedanken beim Hageböllingkunstwerk vor der Schwimmoper. Ich fuhr mal mit einer Paderbornerin auf der Donau, die nur von der Pader schwärmte und ansonsten in sich gekehrt war. Einmal hörte ich von einem Paderborner auf Gomera, der stand dort am Hippienacktbadestrand und fiel nur auf, weil er vollständig angezogen war und eine Fahne mit dem Paderborner Stadtwappen bei sich trug. Der Paderborner entscheidet sich früh für eine zweckmäßige Reisebekleidung, die ihn dann ein Leben lang begleitet und beschützt. Der Paderborner ist unbeeindruckt von Moden und Sonderbarkeiten, er ist selber Mode und sonderbar. Der Paderborner ist zu sehr mit allen Paderwassern gewaschen, um selbst wirklich überrascht werden zu können. Auch in der Fremde bleibt der Paderborner sich treu. Da geht man in die Welt hinaus und trifft einen Paderborner in Ägypten, der mehr auffällt als die Pyramiden, weil er selbst viel schräger ist. Kürzlich entdeckte ich Eugen Drewermann auf dem Paderborner Bahnhof. Er stand vor dem Fahrkartenautomaten und war in sich gekehrt. Einem Paderborner möchte man sofort helfen oder ihn umarmen, bevor er einem selbst hilft oder umarmt, denn das kann lebenslange Folgen haben. In Paderborn wohnen 138 234 Einwohner, und es werden immer mehr. Zum Glück steht der Paderborner nicht im Wege, er ist selbst der Weg. Viele Menschen stehen im Wege und halten auf und rempeln an. Der Paderborner steht auf seinem Platz in der Welt und hält ihn frei. Ich kenne einen Architekten, der probiert die Wirkung von neu gestalteten Plätzen aus, indem er dort Paderborner auf und ab gehen lässt. Es gibt Paderborner, die halten einer Frau so lange den Stuhl frei, bis der Winter einsetzt und das Eiscafe seine Außenbestuhlung einstellt. Die Menschen vom Fluss wissen, wann sie zu gehen und wann sie zu stehen haben. Sie sprechen nur das Nötigste und achten darauf, dass es weiterhilft und sich manchmal reimt, wenn die Sonne scheint.

V

Wenn in Paderborn die Sonne scheint, öffnen die Menschen ihre Herzen. Während alle Touristen beim Dreihasenfenster stehen, um einen Eindruck vom Unerklärlichen zu bekommen, geht der Paderborner zu Zarnitz. Zarnitz ist ein Stehcafé, das direkt neben dem Rathaus Sinn- und Unsinnsuchern Raum gibt für Kurzweil und Meditation. Stehtische für Raucher und Freiluftdenker stehen im Sommer wie im Winter draußen und bilden einen Mittelpunkt für Versammlungen der Glückssucher.

Gerade freitags, wenn man vor dem Rathaus die Paare beobachtet, die sich trotz besseren Wissens ein Leben lang binden, kann man schon nachdenklich werden. Hier bei Zarnitz, direkt neben der Rathausapotheke, wo Kinder übrigens umsonst mit Traubenzucker versorgt werden, kann man manchmal Glückszustände erleben, die nur dadurch zu erklären sind, dass es sich hier um einen magischen Platz handelt. Gerade am Samstag, wenn der Rathauskump, wie man hier den Brunnen nennt, rauscht und man vom Markt gekommen ist, um hier einen Kaffee zu trinken, erträgt man mit dem Wissen der Vergänglichkeit alles Glück der Welt.

VI

Glück ist ein früher Frühling im Herzen der Stadt. Das Wasser der Paderquellen, welches konstant mit 12–14 Grad Celsius aus dem Boden drängt, sorgt im Frühjahr für eine zusätzliche Erwärmung der Luft und ruft hier schon den Frühling aus, wenn woanders noch in Handschuhen gebetet wird.

Glück ist das Spüren des Himmels. In der Pader spiegelt sich der Himmel auf Erden am Boden. Die kleine Stadt wirkt dadurch viel größer, und alles gewinnt an Tiefe und Klarheit. Ich habe einmal mein Gesicht im Wasser gesehen und sah dort viel besser aus als in echt.

Glück ist, es Glück zu haben. Natürlich diente das Wasser der Paderquellen seit Jahrhunderten den Menschen als Trinkwasser, und natürlich litten die Paderborner häufig deswegen an Steinleiden, da das Paderwasser sehr kalkhaltig ist. Zum Glück ist aber der Stadtheilige St. Liborius als Helfer bei Steinleiden bekannt und trägt als Attribut drei Steine auf seinem Evangelar. So wäscht eine Hand die andere.

Glück bedeutet, Freunde zu haben. Touristen vom Rheinland und Donaugebiet, Besucher vom Ganges und Nil verweilen an der Pader. Einmal unseren kleinen Fluss überspringen dürfen, um dann ihrem großen die Zunge herausstrecken zu können, ist ein für Paderborner kaum zu verstehender Genuss. Wir stehen an unserem Fluss wie vor einem Kamin.

Glück ist Leben. Tattoostudios und Kneipen säumen den Lauf der Pader und sind die ganz Nacht über weltoffen. Bauchnabeltattoos, auf denen Paderquellen verewigt sind, sind genauso typisch wie Drei-Hasen-Tattoos und Brotmotive. Das Leben am Fluss macht ständig durstig. Hier wird viel Bier getrunken und am kürzesten Fluss natürlich auch viele Kurze, also Körnchen, gekippt. Abends pfeift man dem Fluss hinterher, und wenn er im Winter dampft, schneidet man in seinem Nebel Grimassen und verjagt die Geister der Großstädte.

Glück heißt Vielfalt. Kleinflusstiere wie Enten, Bisams

und Eisvögel leben friedlich und eng zusammen. Manchmal sieht man Paderborner an strömungsberuhigten Bereichen stehen, und sie beobachten Wasserläufer. Manchmal sind Paderborner in sich gekehrt und denken: »Ach könnte ich auch auf dem Wasser laufen wie ein Wasserläufer«, doch dann wären sie eine Wanzenart oder Gott.

VII

Gott ist groß und Paderborn ist klein. Nicht umsonst treffen sich hier das größte Computermuseum der Welt und der kürzeste Fluss Deutschlands. Natürlich nimmt man in der Paderstadt eher den kürzesten Fluss Deutschlands wahr als das größte Computermuseum der Welt. Ich verstehe sowieso nicht, wie ein Museum, das eine virtuelle Sichtbarmachung der Welt zu seinem Höhepunkt erklärt hat, tatsächlich zu Fuß zu betreten sein muss. Wäre es nicht konsequenter, das Computermuseum auch nur virtuell im Computer erscheinen zu lassen, und die Wirklichkeit überlässt man der Kirche und dem Dom?

Im Dom sieht man das kleine Dreihasenfenster mit seiner großen Bedeutung. Man sieht drei Hasen, die zusammen nur drei Ohren haben, und trotzdem hat jeder zwei, wenn man nur will. Wir wählen einfach einen Ausschnitt, der uns das Unerklärliche erklärt. Der Hase ist ein Fluchttier und lebt in ständiger Angst, nur durch sein sonderbares Aussehen lenkt er den Jäger ab und kann sein eigenes Leben führen. Das Leben des Angsthasen muss phantastisch sein.

für R.-M. Quester

Über Leben und Tod

Bei der Planung der Dinge, die ich in diesem Leben unbedingt noch erledigen wollte, steht Fensterputzen an letzter Stelle.

Ich habe lange gar nicht gewusst, dass man sie säubert. Ich dachte, von außen reinigt sie der Regen und von innen braucht man sie nicht säubern, weil es dort nicht regnet. Regen ja! Aufregen nein! Aber wissen Sie, im Grunde interessieren mich gereinigte Fenster überhaupt nicht, ich schaue sowieso kaum hindurch. Früher schon. Sogar oft. Früher schaute ich oft durch mein Fenster und meistens auf das meiner Nachbarin, die durch ihr Fenster auf meines schaute. Aber irgendwie schaffte ich es nie, dass sie sich für mich auszog. Ich meine, warum auch? Die Fensterscheiben waren beschlagen. Alles wirkte verschwommen wie in einem David-Hamilton-Film, und der wird morgen auf Sat 1 wiederholt, und ich habe doch kein Kabel.

Natürlich habe ich ein Fensterwischset. Ich habe sogar ein Fensterwischset mit einem schwenkbaren Schwingkopf. Mein Fensterwischset mit dem schwenkbaren Schwingkopf hat sogar eine Silbermedaille gewonnen auf der Weltausstellung in Paris. Mein Fensterwischset mit dem schwenkbaren Schwingkopf hat nur den einen Nachteil, dass es immer jemanden dabei braucht, der ihm überhaupt erklärt, wozu es da ist. Ich finde, das hört sich doch sehr stark nach Arbeit an. Ich möchte mal wissen, welches Fensterwischset auf der Weltausstellung in Paris die Goldmedaille gewonnen hat! Wahrscheinlich hat es zwei Beine und darf je nach Wunsch Marcel oder Brigit genannt werden und putzt nackt. Das zur Weltaustellung in Paris. Wieder am falschen Ende gespart. Nein, nein, nein. Ich habe in mich gehorcht und keine Kraft der Welt über, die mich zwingt, auf eine kleine Stehleiter zu steigen und womöglich mein Fenster zu putzen. Bei meinem Glück sieht man mich noch dabei.

Bei der Planung der Dinge, die ich in diesem Leben unbedingt erledigen wollte, steht Fensterputzen an letzter Stelle, dicht gefolgt vom Fußnägelschneiden. Ich habe lange Zeit gar nicht gewusst, dass da unten noch jemand wohnt. Natürlich hatte ich meinen Körper bereits bis zur Mitte erforscht und bin eigentlich ganz gut damit gefahren, und auf einmal melden sich die da unten und zwicken und schaffen sich durch meine Strümpfe Luft. Ich habe natürlich nun das Gefühl, wenn es noch nicht zu spät dafür geworden ist, auch ihnen das Gefühl zu geben, dass sie genauso zu mir gehören wie auch Herz, Milz und Leber. Habe ich auch Herz, Milz und Leber gesagt: »Begrüßt eure neuen Freunde und lasst diese Hinterwäldler nicht so spüren, dass ihr ihre Schirmmützen so putzig findet, die gehen auf meine Kappe.«

Bei der Planung der Dinge, die ich in diesem Leben noch unbedingt erledigen wollte, steht Fensterputzen an letzter Stelle, sehr dicht gefolgt vom Fußnägelschneiden, dicht gefolgt von »Bloß keinen Sport treiben«. Das hätte mir noch gefehlt. Wie ich mich kenne, schwitze ich wieder dabei. Verstehen Sie mich nicht falsch, Sportler können meinetwegen schon Sport treiben, aber die sind doch auch ganz anders gebaut. Aber was soll ich denn mit einem Trainingsanzug durch den Wald rennen und keine Brötchen holen? Es muss doch alles einen Sinn haben. Außerdem empfinde ich auch Sport treiben als Eingriff, als Eingriff in das Werk eines Gottes, der uns erschuf nach seinem Ebenbild. Das muss man akzeptieren können. Wenn ich höre, dass Gott anfängt, selbst Sport zu treiben, dann ziehe ich natürlich nach, schon wegen der Ähnlichkeit. Ansonsten verlasse ich mich auf die Vorsehung und das mit allen Konsequenzen.

Bei der Planung der Dinge, die ich in diesem Leben noch unbedingt erledigen wollte, steht Fensterputzen an letzter Stelle, dicht gefolgt vom Fußnägelschneiden, dicht gefolgt vom »Bloß keinen Sport treiben«, dicht gefolgt von »Bloß nicht mehr verlieben«. Nein, nein, nein. Das tue ich mir nicht mehr an. Wenigstens nicht in echt. Natürlich habe ich mich letzte Woche einmal verliebt, aber doch nicht in echt. Ich habe ihr auch knallhart gesagt: »Schatz, wenn ich wach werde, muss ich zur Arbeit.« Verstehen

Sie, das war ein Traum. Mein einziger Traum in einem Fünf-Stunden-Schlaf. Im Grunde gerade zum Aushalten.

Und am Nachmittag war ich dann am Kartoffel schälen. Ich hatte noch links das Kartoffelmesser in der Hand und rechts die Kartoffel, da klingelte es plötzlich an meiner Haustür. Ich denke, da kann ich doch wohl aufmachen. Ich wohne da doch. Da stand da eine Frau vor der Tür, die mich fragte, ob ich mir vorstellen könnte, dass ein Mensch allein die ganze Welt erlösen könnte. Ich sagte, sicher, aber bei mir ist es gerade wirklich sehr schlecht. Ich bin doch gerade am Kartoffeln schälen, aber fragen Sie mal meinen Nachbarn Winni, der ist pensioniert, hat Zeit und ist auf Zack. Natürlich hatten wir uns völlig missverstanden. Sie fragte dann wieder, ob ich mir vorstellen könnte, dass ein Menschen allein mit seiner Liebe die ganze Welt erlösen könnte. Und da fiel es mir plötzlich wie Schuppen von den Augen. Da war das die Frau aus meinem Traum gewesen. Ich lachte, zwinkerte ihr zu und sagte: »Natürlich kann ich mir vorstellen, dass ein Mensch allein mit seiner Liebe die ganze Welt erlösen könnte, aber warum denn so global denken, warum nicht beginnen mit kleinen ersten Schritten?« Natürlich hatten wir uns wieder völlig missverstanden. Nach einer Zeit bekam ich sogar heraus, sie war bereits verheiratet, natürlich mit einem Arzt, »Hat-einen-eigenen-Parkplatz«, und da stand ich nun mit meinen Ärztesocken und fühlte mich wie ein Ausschlag.

Bei der Planung der Dinge, die ich im Leben noch unbedingt erledigen wollte, steht Fensterputzen an letzter Stelle, dicht gefolgt vom Fußnägelschneiden, dicht gefolgt von »Bloß keinen Sport treiben«, dicht gefolgt von »Bloß nicht mehr verlieben«, dicht gefolgt von »Bloß keine Harfe spielen lernen«, und schon gar nicht diese Melodie. Schrumm, schrumm di Bumm! Diese Melodie, die einen so nachdenklich macht, und es ist doch noch gar nichts passiert, was einen so nachdenklich macht. Und man könnte so Dinge sagen wie: »Ich lasse mir morgen deine Haare schneiden«, und schon macht es einen wieder so nachdenklich. Und man könnte so Dinge sagen wie: »Ich lasse mir nicht gerne von Jugendlichen die Tür aufhalten, ich muss mich dann immer so beeilen.« Und schon wird man wieder so nachdenklich. Das ist doch gemein. Und man könnte so Dinge sagen wie: »Na, Kapitän Wunderbar, ist noch Platz auf deinem Luxusdampfer? Gehen wir auch bestimmt unter?«

Und dann kommt man bestimmt in den Himmel. Man ist ja den ganzen Tag am Harfe spielen gewesen, man kommt ja zu nichts anderem. Und dann sagen die da oben: »Der kann aber schön Harfe spielen, den nehmen wir nicht zum Donnern, den nehmen wir nicht zum Wind machen. Der soll bei uns Harfe spielen, den ganzen Tag Harfe spielen.« Und dann rufe ich: »Eh Jungs, macht bloß keinen Scheiß. Gebt mit irgendwas Reelles, irgendwas Handfestes.« Und dann kommt einer von denen und sagt: »Kein Problem. Wir brauchen noch jemanden, der bei uns die Fenster säubert.«

Und ich denke, »Wusst ich's doch, wusst ich's doch.« Das zum Himmel. Aber man muss bescheiden bleiben. Ich habe schon herausgefunden: Im Himmel wachsen keine Fußnägel, ... aber natürlich Flügel ..., aber natürlich Flügel ...

Über die Rettung der Zeit

Kürzlich wurde ich überholt. Ich saß auf meinem Fahrrad und rollte nach Hause. Ich hörte hinter mir schon lautes Johlen und rechnete mit dem Schlimmsten. Ich ahnte, dass wieder die Nachbarjungs eine Gelegenheit suchten, mich bloßzustellen. Konnte dies wahr sein? Musste ich immer dann den Nachbarjungs begegnen, wenn es um Leben oder Tod ging und dieses von meinem sturen Durchhalten abhing? Ich war vorher bei Sievers gewesen und hatte mir keine »Zeit« gekauft, weil sie, obwohl es Donnerstag war, noch nicht erschienen war. Frau Sievers vermutete, dass es an der am Sonntag stattgefundenen Bundestagswahl liegen könnte, aber wir hatten doch alle rot / grün gewählt und die »Zeit« hatte doch bestimmt nicht schon unter der neuen Regierung zu leiden, oder? Trotzdem herrschte Unsicherheit im Markantmarkt, und ich entschied mich durch ein Gelübde, die Herausgabe der »Zeit« für diese Wahlperiode zu sichern. Ich wollte durch entschiedenes Handeln oder, besser noch, durch entschiedenes Nichthandeln die »Zeit« retten. Der Markantmarkt lag etwas höher als mein Miethaus, in dem ich das leicht eingeschränkte Vergnügen hatte zu wohnen. Dieses Vergnügen war leicht eingeschränkt, weil halt die Nachbarjungs keine Gelegenheit ausließen, um mich in meiner Autorität als Erwachsener infrage zu stellen. Nun stand ich also vor dem Markantmarkt und versuchte, das regelmäßige Erscheinen der »Zeit« zu sichern, indem ich mir selbst die Freiheit nahm, die Angewohnheiten der Zeit infrage zu stellen. Ich schwor beim Leben von Frau Sievers, dass ich es schaffen würde, mit einem einmaligen Anschwung, ohne danach die Pedale erneut zu benutzen, bis zum Eingang meines Miethauses zu rollen. Ich war bereit. Ich konzentrierte mich auf Wichtiges und Erhabenes. Ich dachte zum Beispiel an den Mitherausgeber der »Zeit«, Helmut Schmidt, und wie er dieses Problem regeln würde, ohne einmal an seiner Zigarette ziehen zu müssen. Ich trat mit diesem Bild gestärkt in die Pedale und sauste los. Ich sauste wie eine Rakete vorbei an dem türkischen Gemüsemarkt und der spinnenbehangenen Telefonzelle der Telekom. Ich rollte vorbei an dem kleinen Stromkasten und dem großen Stromkasten, auf denen jemand »Sex« geschrieben hatte, ohne diesen Wunsch näher auszuführen. Ich spürte, dass der Weg abschüssig genug sein konnte, um das Erscheinen der »Zeit« für die nahe Zukunft wahrscheinlich zu sichern. Ich ließ den Asternweg links liegen und die Cheruskerstraße rechts. Ich überholte Frau Gismar mit ihrer Gehhilfe und Herrn Lothar mit seinen Enkelkindern. Natürlich wurde ich mit der Zeit langsamer, aber nur der Bezwinger über Zeit und Raum verdiente es, als Retter aufzutreten. Ich arbeitete mit Tricks. Das Herunterfahren vom Bürgersteig zum Beispiel erneuerte meinen Schwung. Ein heftiges Vorwärtsstoßen mit dem Körper schien das Fahrradfahrgestell nachkommen zu lassen. Ich befand mich nur noch 15 Meter bis zu meiner Einfahrt, als ich dieses Kindergröhlen hörte. Das grausame Johlen traf mich, als mein Rad trotz aller Tricks nur noch halbherzig mein Gelübde unterstützte. Ich wackelte mit meiner Kriechgeschwindigkeit neben dem Bürgersteig und versuchte verzweifelt, das Tempo durch Mitschwingen meiner Beine zu erhöhen. Zugegeben, das Bild, das ich abgab, muss wenig heldenhaft gewirkt haben, aber ich war in einer Mission unterwegs und konnte nicht auf solche Nebensächlichkeiten achten. Die Nachbarkinder wollten mir zeigen, in welcher Geschwindigkeit sie nach Hause radeln konnten, so als gewinne man dadurch auch mehr Zeit. Lässig überholten sie mich auf ihren Kinderrädern und zeigten mir eine lange Nase. »Strampelhampel, Strampelhampel«, schrien sie. Ich durfte mich davon nicht beeindrucken lassen. Stur hielt ich an meiner Geschwindigkeit und meinem Fußhampeln fest und widerstand dem Drang, meinem Tempo durch unlauteres Strampeln nachzuhelfen. Ich sollte belohnt werden. Tatsächlich rollte ich nicht nur winkend am Haus der Nachbarjungen vorbei, sondern erreichte auch meine Einfahrt souverän, ohne noch einmal die Pedale benutzt zu haben. Ich war zufrieden. Ich hatte an dem Tag nicht nur die »Zeit« gerettet, ich hatte auch bewiesen, dass die Lebenszeit eines jeden Menschen ein zu hohes Gut ist, um sie in scheinbar allgemeingültigen Wettrennen gegeneinander auszuspielen. Ich bin mir nicht sicher, ob Heldentum und Standhaftigkeit heutzutage noch bei Siegern anzutreffen ist. Auch Vögel gehen kurze Strecken meist zu Fuß. Der, der schneller am Ziel ist als der andere, ist dort zwar als Erster, aber gerade die Ersten haben gewisse Pflichten zu übernehmen, die eigentlich eines Gewinners unwürdig sind.

Dass Autorennmeister sich nach jedem Sieg mit Champagner bespritzen müssen, ist doch als neiderzeugendes Bild längst überholt. Ein Sieger trinkt keinen Champagner, ein Sieger serviert ihn und muss dann weiter die Welt erretten. Während die Nachbarjungen also noch vom Siegen erschöpft am Mittagstisch saßen und diesen nicht eher verlassen durften, bis auch der Letzte alles aufgegessen hatte, lag ich relaxt in meiner Hängematte und verplemperte die Zeit der letzten Woche.

Über Geschenke

Kaum verschwinden die letzten Sommersonnenstrahlen über dem westfälischen Weltuntergangshimmel, beginnt die Zeit der Geschenke. Beim Blick auf die Himmelslandschaft, deren dunkle Wolken wie ausgespuckte plattgetretene Kaugummis über uns ragen, rufe ich stets: »Auch Astronauten kauen Kaugummis« und springe dabei über die anderen Kaugummis, die tatsächlich unter mir am Boden pappen.

Da es inzwischen üblich ist, dass alle Menschen im Herbst und Winter andere Menschen beschenken, trage ich schon ab September einen Button, der mich mit seiner klaren Forderung vor mancher Enttäuschung bewahrt hat: »Keine Geschenke!« Ich meine damit, dass ich weder selbst etwas verschenken werde noch etwas geschenkt bekommen möchte. Witzigerweise habe ich diesen Button von einer Freundin geschenkt bekommen, die von meiner Abneigung gegen das Geschenke-Auspacken wusste, weil ich sie selbst einmal links stehen ließ, als sie wie ein Geschenk verkleidet vor meiner Haustür wartete und sich einen Schnupfen holte. Eingewickelt wie ein Kaugummi in Silberfolie, war sie darunter so, wie Gott ihr das Leben geschenkt hatte.

Ich hasse vorhersehbare Überraschungen. Ich möchte keine Geschenke auspacken, um danach enttäuscht zu sein und mich trotzdem freuen zu müssen. Welch schauspielerische Sonderleistungen jedes Jahr von uns unausgebildeten Selbstdarstellern verlangt werden! Und der Oscar in der Sparte »Wer kann sich am meisten über Geschenke freuen, die er eigentlich nicht brauchen kann« geht an Bäckermeister Hagen Hagenbusch aus Schwerte.

Ich sah in diesem Jahr meinen ersten Weihnachtsstollen Anfang Oktober vor einem Kaufhaus in Hamm. Neben dem Stand langweilte sich ein kaugummikauendes Modepüppchen, das mir ein Probierstückchen Hammer Stollen aufdrängen wollte. Ich beschloss, ihr nicht zu erzählen, dass ich heute keine Zeit hätte zum Probieren, weil ich meinen Anschlusszug nach Paderborn bekommen müsse, und zeigte einfach auf meine Plakette: »Keine Geschenke.« Sie spuckte daraufhin ihr Kaugummi aus und trat es so, dass ich es sehen konnte, auf dem Boden fest. Warum gibt es eigentlich keine Kaugummis, die man herunterschlucken kann? Das wäre ein Geschenk.

Ich wünsche mir nichts. Ich habe alles. Ich habe schon früh alles gehabt, was man sich wünschen konnte. Natürlich glaube ich an das Christkind und manch andere gute Fee, bin aber überzeugt, dass die Herzenswesen uns Erwachsene erst dann wieder beglücken, wenn wir am wenigsten an sie denken. Ich glaube zum Beispiel nicht, dass Engel sich von einer Erde angezogen fühlen, auf der ein Meer klebriger Kaugummirotze pappt. Auf einem Quadratmeter Dortmunder Fußgängerzone zählte ich dieser Tage 40 bis 50 Kaugummis. Auf dem Bahnhofsvorplatz in Hamm liegen vermutlich vier Tonnen Wrigley's Spearmint Gum.

Die Zeiten haben sich geändert. Man schenkt nicht mehr Dinge, die man sich selbst kaufen kann. Man verschenkt Augenblicke, Selbstgebasteltes, ungewöhnliche Liebesbeweise und Zeit.

Wer meine Vorliebe für saubere Bürgersteige kennt, weiß, wie gerne ich ihn fege und wie unglücklich ich bin, wenn sich darauf festgetretene Kaugummis meiner Fegeaktion verweigern.

Die Firma »future clean technics« aus Salzkotten hat nun ein »Anti-Kaugummi-Mobil« entwickelt, welches meinen Bürgersteig mit zehn Meter langen Schläuchen von allen Kaugummis befreien kann. Wenn meine Frau und ich uns am Samstag ein bisschen bewegen wollen, tauchen wir einfach mit der gemieteten Kaugummi-Entfernungsmaschine im Engernweg auf und zeigen allen Kaugummispuckern, was eine Harke ist. Mit Hilfe meiner Frau schaffe ich es, in nur einer Stunde 100 bis 200 qm von der klebrigen Masse zu befreien. Wir lassen dabei einfach die reinigende Dampfmischung mit der Kaugummimasse ins Kanalsystem laufen und ertragen es seitdem leichter, von Kaugummikauern und Lamas umgeben zu sein.

Schenken ist Geben-und-Nehmen-Können. Ich erhielt jetzt, trotz meines Buttons, einen Geschenkgutschein, wo sich eine Freundin anbot, mich auf einem besonderen Spaziergang zu begleiten. Sie will sich mit mir am Sonntag am Südportal des noch nicht fertig gestellten Eggetunnels am Herbramer Wald treffen. Die 2880 Meter lange kaugummifreie Röhre ist nur an jenem Tag von 10 bis 12 Uhr für Interessierte zugänglich, bevor die Bahn sie dann letztendlich im Dezember 2002 in Beschlag nimmt. Sie will mir dort in dieser Röhre, in einem unbeobachteten Augenblick, einen Wunsch erfüllen, den meine gute Erziehung verbietet auszusprechen. Ich sage nur, ich werde Sterne sehen. Manchmal muss man halt von seinen strengen Prinzipien ablassen können. Alles andere ist unmenschlich. Es ist schon so, es muss nicht alles Geld kosten, was schön ist. Das größte Geschenk ist der glücklichmachende Mensch. Sein Wunsch, den anderen Menschen zu erfreuen, steht über seinem Erfolg. Begreifen wir das Geschenk eines anderen als dessen Versuch, uns zu lieben. Ich trage auf jeden Fall trotzdem meinen »Keine Geschenke« Button bis nach den Festtagen. Sicher ist sicher. Das fehlte mir noch, dass ich irgendeinen Kaugummiautomaten geschenkt bekomme und dafür sogar noch »Danke« sagen muss.

Über Gemüse

Ich denke manchmal bei Gemüse, das hält sich für was Besseres. Als wenn das Gemüse was dafür könnte, dass es so vitaminhaltig ist. Die Möhre weiß doch gar nicht, dass man sie essen kann. Eine Gurke wäre doch als Zierrat völlig überfordert. Ein Radieschen ist doch der Erbse völlig fremd. Sagen wir es doch ganz ehrlich, wenn wir die Kartoffel nicht pürieren würden, gäbe es keinen Kartoffelpüree. Ich finde es sowieso sonderbar, dass man den Knoblauch und die Zwiebel nicht waschen muss, und dass, obwohl sie so stinken.

Ich habe mal im Supermarkt einen Kohlrabikopf auf die Waage gelegt und trotzdem auf »Fenchel« gedrückt. Die Waage selbst hat keinen Unterschied bemerkt. Recht hat sie, heutzutage schmeckt doch alles gleich, oder? Ich könnte mir sogar vorstellen, dass der Fenchel ursprünglich nicht zum Essen gedacht war. Meine Tochter mag ihn auch heute noch nicht. Ich glaube, dass der Fenchel uns nur zu Willen ist, weil der Mensch immer etwas Neues braucht, um dann das Alte wieder für sich entdecken zu können. Ich glaube, dass der Fenchel nur zufällig anwesend war, als man sich an Möhren satt gegessen hatte, und so auch einmal zum Zug kam.

Aber auch Gemüse hat es schwer. Dass Plastik etwas ist, durch das man nicht atmen kann, muss gerade für Gemüse ein großer Schock sein. Da hat die Natur die Tomate mit einer natürlichen Schutzhaut versehen, da kommen wir noch mit einer anderen, und die ist aus Plastik. Stellen Sie sich vor, es läge etwas auf Ihnen, durch das Sie nicht atmen können. Stellen Sie sich vor, es läge etwas auf Ihnen, was Sie einschweißt und aus dem Verkehr zieht. Luftdicht abgeschlossen, im ewigen Eis gelagert, bis ein Prinz kommt und Sie wachküsst, auftaut aus Ihrer Erstarrung und Sie dünstet und brät zum Gemüseomelett.

Ich sage Ihnen ganz ehrlich, wenn ich als Gemüse mehrfach eingefroren und aufgetaut worden wäre, würde ich irgendwann nicht mehr mitzählen. Das erinnert mich an meine dauernd auftretende Flugangst, und dabei bin ich der Pilot.

Über die Auswirkungen der Menüfotografie auf die Stammkundschaft von Imbissbuden

Für Schneider's Imbiss (Originalschreibweise)
Eine derbe Collage

Der Senfhaufen neben der Bockwurst sah aus wie von ihr, als hätte sie den Gang zur Biotonne nicht mehr geschafft.

Der Kartoffelsalat ist eine der Speisen, die vorher schon so aussehen wie nachher, wenn er schlecht war. Der Kartoffelsalat gehört zu den Speisen, die optisch schwer auf Fotos festzuhalten sind, denn weiß bleibt weiß, auch in Farbe. Und Kollege Gürkchen hat sich ganz bescheiden unter die Kartoffeln gemischt. Typisch Gürkchen.

Hören Sie, Kartoffelsalat, könnten Sie sich vorstellen, als Beilage neben der Bockwurst zu liegen? Ich habe mit ihr geredet, sie würde rücken. Sie würden natürlich ganz groß auf dem Plakat erwähnt. Beilage: KARTOFFELSALAT!

Die Fritten ragen aus der Mayonnaise wie die übriggebliebenen Skier der abgestürzten Wintersportgruppe – schmecken auch so ähnlich.

»Sagen Sie mal: Sind hier die Portionen so klein, oder haben Sie das Lokal vergrößert?«

Der Imbissbudenbesitzer sah genauso aus wie die Frikadellen in seiner Auslage. Als hätte er sie erschaffen nach seinem Ebenbilde! Ich tat dann so, als müsste ich nur mal telefonieren, der Hörer hatte übrigens die Form einer Wurst, und meldete mich ganz spontan an bei der VHS zu einem Ernährungskursus.

Und im Hintergrund rattert die Currywurstschneidemaschine:

Stück für Stück
Currywurst
Ketchup Ketchup
Stück für Stück
Currywurst
Ketchup Ketchup
ABER BITTE SCHARF!

Sagen Sie mal, Sie holländische Tomate. Wie schaffen Sie es, auf Fotos immer so gesund auszusehen? Ach so, Sie werden gedoubelt. Ich verstehe.

Also, was wir Menschen dem Rollmops angetan haben! Spätere Generationen werden sich für uns schämen.

Die Zwiebel sah auf dem Foto so echt aus, dass ich weinen musste. BRAVO!

Das Schnitzel muss gepudert werden, es glänzt!

Der kleine Hunger kam vorbei, aß eine Gulaschsuppe und war wieder verschwunden.

Richtet sich die Buchstabensuppe nach der Rechtschreibreform? Also ich mag sie am liebsten kursiv.

Der halbe Hahn auf dem Foto sah aus wie von einem eingefleischten Vegetarier fotografiert. Als hätten sie sich persönlich gekannt. Als hätte er ihn Udo genannt. Als hätten sie gemeinsame Interessen wie das Wecken. Sagen Sie mal, kann man eigentlich sagen: »Eingefleischter Vegetarier?« Muss man nicht sagen »Eingemüster Vegetarier?« oder wenigstens »Vollwertiger Vegetarier!«

Warum gibt es so wenige Witze über Fleischesser? Weil sie davon so stark geworden sind!

Wenn Menschen Menschen essen würden, lebten wir doch alle viel vernünftiger – das ist doch eine Frage des guten Geschmacks.

Ich habe mal einen Hahn gegessen, der lag mir so schwer im Magen, dass ich davon eine Woche lang regelmäßig um vier Uhr morgens wach geworden bin. Später hörte ich dann, dass das seine Zeit gewesen war.

Das Kotelett war in Ordnung. Das sah man gleich. Es lag mit seinen Kumpels unter der Klarsichthaube wie drei schlafende Hunde im leergefressenen Katzenkörbchen.

Er hatte das Gefühl, dass der Bratfisch ihn beim Aufessen beobachten würde.

»Er weiß wohl nicht, welchen Preis ich für ihn entrichtet habe!«

»He, Ihr habt die Bildunterschriften unter den Speisen vertauscht. Unter dem Rollmops steht Schaschlik und unter dem Schaschlik Rollmops. Das Schlimme ist, dass die Leute noch nicht mal den Unterschied bemerkt haben. Das Schaschlik hat im Grunde Glück gehabt, dass es nicht Schischlak genannt wird. Oder noch schlimmer: »Von Schischlak!«

Wie das Fähnchen auf dem Turme sich kann drehn bei Wind und Sturme, so soll sich mein Hähnchen drehn, ist gar lustig anzusehn.

Und im Hintergrund rattert die Currywurstaufschneidemaschine:

Stück für Stück
Currywurst
Ketchup Ketchup
Stück für Stück
Currywurst
Ketchup Ketchup
ABER BITTE SCHARF!

Ich habe mal einem Frosch aus der Hand gelesen: Ich sah sie bereits paniert.

Bei Ihnen wird der Kaffee wohl ausgepeitscht und gefügig gemacht, bis er sich unter Wert verkauft?

Ich hab mal einer Pizza meinen Kühlschrank überlassen. Sie wollte ein wenig in sich gehen, lesen und ihr Leben ordnen. Wir haben natürlich nicht bedacht, dass das Licht beim Tür zumachen ausgeht.

Ich habe dem Wurstsalat gesagt: »Wenn Sie Ihre Umkleideräume nicht besser in Ordnung halten, dann werden hier andere Saiten aufgezogen!«

Toni? Mach mir mal 'ne Frikadelle! Mit Senf? Natürlich mit Senf! Mach noch mehr Senf drauf, mach noch mehr Senf drauf, ich will sie nicht seh'n.

Ich kann eine Frikadelle an ihrem Gang erkennen, ich gab ihrem Würstchen die Brust. Ihre dicke Fleischwurst nahm ich als Vorbild für meine Sitzgruppe im Wohnzimmer. Ich habe damals ihrem Sohn die erste Frikadelle gekauft. Ich konnte doch nicht ahnen, dass er erst vierzehn ist.

Ich wollte meine Imbissbude »Heinrich von Kleist« nennen, doch die Gäste spielten nicht mit. Dabei bestand meine Stammkundschaft hauptsächlich aus Chirurgen vom Krankenhaus gegenüber, die brachten sich ihr Essen selbst mit.

Ich bin soweit. Ihr Wurstsalat muss jetzt »Cheese« sagen! Danke Jungs, das Bild ist im Kasten, ihr könnt euch wieder anziehen.

Kommen Sie, Schnitzel. Wir haben jetzt schon alles tausendmal durchgekaut ... Wann hat Sie Dr. Schneider gebraten?

Mensch, Schnitzel, es gibt Zeugen, die haben Sie noch vor zwei Wochen in der Auslage gesehen. Ich sag Ihnen ganz ehrlich, Schnitzel, die Mayonnaise ist umgekippt und will ihre Aussage widerrufen.

Mensch Schnitzel, warum wollen Sie Dr. Schneider decken? Schauen Sie sich doch an, was er mit dem halben Hähnchen gemacht hat.

Mensch Schnitzel, wir werden alle nicht jünger, die Jägersoße überdeckt nur oberflächlich Ihre Falten.

He da! Rühren Sie das Schaschlik nicht an. Lassen Sie den Spieß stecken, wo er steckt. Wir dürfen nichts anrühren, bis die Polizei gekommen ist.

Pommes Mayo, Currywurst und Coca Cola. Schon bei der Erwähnung dieser drei Speisen läuft einem das Wasser im Munde zusammen. Jugendlichen erkläre ich oft dieses Phänomen am Zusammenspiel der Dreieinigkeit. Gottvater, Gottsohn und der heilige Geist. Pommes Mayo, Currywurst und Cola. Jede Speise für sich genommen ist schon ein Wunder, aber alle drei zusammen: Die Offenbarung!

Da spürt man den Schöpfungsauftrag!

DA MEINT ES JEMAND GUT MIT UNS!

Und wie schön, dass diese drei Farben:

Coca Cola – schwarz
Currywurst – rot
Pommes Mayo – gold

auch noch an unsere Landesfarben erinnern und unseren Hang zum Schnellen ...

Über einen Stadtbummel

(A geht mit B durch die Soester Haupteinkaufsstraße. A ist eine Frau, B ein Mann.)

A: Heute habe ich Kirschen entsteint und dachte, ich risse einem Feuerwehrmann sein Herz aus der Brust.

B: Wir haben zwei Meerschweinchen geschenkt bekommen, die wir Maria und Margot getauft haben. Sie erinnerten uns so an die Hellwig-Schwestern, obwohl sie scheu sind.

A: (schaut sich um) Soest macht einen guten Eindruck, weil man gerade von Soest nicht erwartet, dass es schön ist. Ich glaube, dass dies auch der Vorteil der westfälischen Küche sein kann.

B: Wissen Sie, ich kann den Regen im Voraus spüren. Ich habe einen Freund, der zieht Unglück an. Ich hatte mal einen Bekannten in Herne, der konnte Soester nachmachen.

(A macht einen Soester nach und hört damit erst auf, als sie die Polizeiwache sieht.)

A: (vorsichtig) Wie freudlos unsere Polizei untergebracht ist. Bis auf die Beamten, die mit dem Polizeikasper durch die Kindergärten ziehen, haben Polizisten doch einen unromantischen Job. Ich besichtigte mal eine Polizeidienstelle in Hamm, auf der musste ich weinen. Was hatten die armen Polizisten getan, um in diesen Räumen ihr Leben fristen zu müssen? Die Autorität der Polizei steht auf so wackeligen Beinen, dass selbst Betrunkene bei ihnen keinen Kaffee bekommen, geschweige denn einen Anröchter Doppelkorn. Der Sage nach sollen alle Polizisten in ihrem ersten Leben Schuld auf sich geladen haben und müssen diese nun abarbeiten.

B: (lenkt ab) Ich kann an den Ausscheidungen der Schnecke die Bodenbeschaffenheit Ihres Gartens feststellen, aber würde dies nur ungern unter Beweis stellen. Ich könnte Sie küssen, und Sie würden ohnmächtig. Es könnte auch sein, dass ich Sie küsse und ich würde ohnmächtig. Im besten

Falle könnte ich Sie küssen und wir würden beide ohnmächtig. Wir würden beide gleichzeitig ohnmächtig werden und dabei so gegeneinander fallen, dass wir uns gegenseitig als Stütze dienen können. Welch schönes Bild unserer Zukunftsaussichten: ohnmächtig werden und trotzdem Stütze bekommen.

A: (lacht) Gott zeigt sich uns als Brot, das gegessen werden will. Warum erscheint er uns nicht als Musik, die getanzt werden will? Warum kommt er nicht als Mensch, der Liebe braucht? Warum erscheint er uns als Brot, als Paderborner, als Ciabatta, als Fladen? Erscheint er uns heute als Burger-King, um den Gottlosen den letzten Rest zu geben?

B: (als fiele ihm die Textzeile ein, nach der er so lange gesucht hatte) Gerade sprang die Sonne an. Für zwei Stunden sahen wir wieder, wie unaufgeräumt alles war. Duisburg erschien wie hingekotzt. In einer Ecke lag eine alte Liebe und trieb es mit einem Piraten.

(Beide sind ein wenig ratlos. B summt vor sich hin. In Soest schiebt sich die Sonne zwischen zwei dunklen Wolken hervor.)

A: Wenn sich die Frau zu einer Schönheitsoperation entschließt und sich ihre typische Nase ändern lässt, müssten sich im Grunde auch ihre Kinder, die von ihr diese typische Nase geerbt haben, auf eine Schönheitsoperation einlassen. Ist es nicht eine komische Vorstellung, dass jemand, der sich seine typische Nase durch eine Schönheitsoperation ändern ließ, nun bei der Geburt eines Kindes wieder mit dieser typischen Nase konfrontiert würde? »Das ist nicht unser Kind!«

B: Es ist schwierig, den Angsthasen zu sagen, dass sie gleich gejagt werden. Besser ist es, sie darauf vorzubereiten, dass es auch im Unglück schöne Momente geben kann. Im Grunde funktioniert so das Christentum. Es gibt Hasen, die erst im Gefängnis die Schönheit der Welt erkannten. Ich kannte einen Hasen, der eine Jägerlaufbahn angestrebt hatte. Ich sage nur Mobbing, oder dürfen auch Opfer Jäger sein?

A: Der Delbrücker Spargel denkt auch, er wäre was besseres, nur weil er aus der Nähe kommt.

B: Das verstehe ich nicht. Ich fühle mich so, als hätte ich einen Hut auf, an dem Flügel hängen, die auf und ab flattern, wenn man sich bewegt.

A: (schüttelt den Kopf) Ich habe mal auf dem Dortmunder Hauptbahnhof eine Gruppe von betrunkenen Männern gesehen, die das Lied »Yellow Submarine« von den Beatles mit dem Text: »Heinrich Böll von Köln am Rhein, Heinrich Bö hö höll von Köln am Rhein, Heinrich Böll von Köln am Rhein usw.« gegrölt haben, und ich muss sagen, es klang besser als das Original und war auch vom Inhalt her logischer.

B: Nachts ziehen sich im Fernsehen die Frauen aus, räkeln sich zu schwülstiger Musik und befeuchten ihre Finger. Früher konnte sich eine Frau stundenlang ausziehen, und man war wie gebannt. Heute trägt sich das auch nicht mehr so lange, vielleicht weil man weiß, was kommt. Ich sage Ihnen ganz ehrlich, von den tausend Nackten, die mir bisher auf dem Bildschirm begegnet sind, hätte ich mir auch die Hälfte ersparen können – aber irgendwie ist man sich dabei nie ganz sicher.

(A zieht sich aus, B schaut nicht zu. In Soest wird die Polizei alarmiert. Man hört Sirenengeheul.)

Über meine Unterhose

Erinnern sie sich noch an das Spiel der Weltmeisterschaft 2002, als sich unsere Gurkentruppe gegen Paraguay blamierte und trotzdem, wie immer, gewann? Ich bekam in der Nacht davor nicht sehr viel Schlaf. Mitten in der Nacht weckte mich mein Nachbar Herr Wiesner und schrie dabei die ganze Siedlung zusammen. Herr Wiesner stand unter meinem Fenster, mit nichts anderem als einer Unterhose bekleidet, und schrie so laut er konnte: »Ich bin ein Nichts! Ich bin ein Nichts!«

Ich schaute auf die Uhr, es war gerade vier geworden, ich öffnete mein Fenster und schrie verärgert zurück: »Lieber Herr Wiesner, Sie haben Recht, wir sind alle ein Nichts, aber doch nicht nachts um vier!«

Ich schrie: »Und außerdem Herr Wiesner, steht es einem Nichts nicht zu, nachts um vier so eine dicke Lippe zu riskieren. Gerade das Nichts zeichnet sich eher durch Bescheidenheit aus.«

Herr Wiesner schaute mich mit großen Augen an, und ich sah, dass seine Unterhose eine Schiesserunterhose war, eine Schiesser »Rebell«. Ich musste es wissen, weil ich selber eine Schiesser »Rebell« anhatte und der ganze Vorfall mich zu rühren begann. »Lassen sie uns ins Bett gehen«, schrie ich Herrn Wiesner, schon wieder besänftigt, zu, »gerade vor einem so wichtigen Spiel wie das gegen Paraguay sollten wir ein wenig ausgeschlafen sein.« Herr Wiesner, der zu frieren schien, zog seine Unterhose bis zu seinen Achselhöhlen und ging traurig wie der einsamste Mensch der Welt nach Hause.

Seitdem betrachte ich meine Schiesserunterhose mit anderen Augen. Sie erscheint mir auf einmal so ausgebollert, so, als hätte sie Herr Wiesner getragen, als wäre sie eine Paarunterhose der Wildecker Herzbuben, als gehörte sie Samson aus der Sesamstraße, als wollte sie erinnern an den dicken Elvis Presley. Wissen Sie, ich bin kein Sumo-Ringer und dränge mich überall dazwischen. Ein dicker Bauch ist kein Airbag. Wir müssen uns zurücknehmen. Die Welt ist eng geworden, wir müssen uns zusammenreißen und Platz schaffen. Natürlich verliert eine Unterhose mit der Zeit an Form und Ausstrahlung, auch ich sah in meiner Jugend jünger aus, aber warum müssen Süßigkeiten auch so lecker schmecken? Könnte das Lecken eines Eises nicht gleichzeitig dessen Kalorienaufnahme ausgleichen? Energie statt Masse. Ich kenne Leute, die nehmen beim Küssen ab, weil sie den Partner dabei auf Händen tragen. Oh, meine Unterhose, wer überredete mich einmal, dich zu kaufen? Welches Schönheitsideal zwang mir deine Herrschaft auf? Warum gibt es eigentlich keine sexy Unterhosen für dicke Männer, oder gehört eine Unterhose schon zu den inneren Werten?

Ich sage Ihnen ganz ehrlich: wenn ich meine Unterhose wäre, ich würde bestimmte Dinge gar nicht durchgehen lassen. Zum Beispiel käme mir kein Schlitz in die Tüte. Sagen wir es doch ganz deutlich: Ich brauche kein Lätzchen am Po, um hinten oder vorne bestimmen zu können. Wo meine Nase ist, ist vorne.

Ich habe mir dann eine Microfaser-Slip-Boxer L / 6 von Eduscho gekauft. Eine Unterhose für höchsten Tragekomfort: eng, aufreizend und ungewöhnlich. Ich habe nur Bedenken, sie anzuziehen, zumal ich mich inzwischen nur im Dunkeln an- oder ausziehe, um perversen Spannern keine Gelegenheit zu geben, mich knapp gewandet ins Internet stellen zu können.

Ich habe nachgedacht. Ich habe mich vor den Spiegel gestellt und trug meine alte Unterhose und hielt neben mir die Verpackung dieser neuen Überunterhose. Ich muss sagen, ich gefiel mir so. Ich bin so geworden, weil ich viel gegessen habe. Alles andere erschiene mir sonderbar. O.K., vielleicht sah ich in meiner Schiesser »Rebell« Unterhose nicht so aus wie der Typ auf der Microfaser-Slip-Boxer L / 6 Verpackung. Schlimmer noch, vielleicht sah ich in meiner Schiesser »Rebell« Unterhose genauso aus wie Herr Wiesner, aber, wir beide wissen doch, wo es langgeht, oder? Was weiß denn der braungebrannte Typ auf der Verpackung vom Leben? Weiß er vielleicht, wie vier Currywürste hintereinander schmecken? Kennt er die unglaublichen Reaktionen eines Körpers, der gerade fünf Chipstüten verarbeitet hat? Hat er mal eine Frau geliebt, während er gleichzeitig Hunger auf zwei Maultaschen hatte? Hat er Teilnahmeverbot in einem Lippstädter VHS Kursus für gesunde Ernährung und hängt als Warnschild vor allen westfälischen Diätfarmen: Hier dürfen wir nicht rein!? Nein, nein, nein, heute sage ich voller Stolz: »Lasst meine Unterhose groß sein. Lasst es eine Unterhose sein, vor der man Respekt hat. Lasst es eine Unterhose sein, unter deren Dach man eine neue Heimat finden kann, egal, wie man sich herausputzt. Lasst es eine Unterhose sein, die man in Notzeiten auch als Werbefläche vermieten könnte: Ich bin zwei Öltanks.

Ich zog mich einmal vor einer Frau aus, die mir gestand, sie hätte in ihrem Leben schon vieles gesehen, aber noch nie so eine Unterhose, und dabei war sie Urologin.

Kürzlich klingelte es an meiner Haustür, und vor mir stand Herr Wiesner mit nichts weiter an als wieder seiner Unterhose. Ich kam gerade aus dem Garten und hatte mich gesonnt. Der Zufall wollte es, dass ich ebenfalls nur meine Unterhose trug. Da hätten Sie uns beide sehen sollen. Sie hätten gestaunt, welchen Eindruck zwei nackte Männer auf die Welt machen können. Zwei Männer, die nichts weiter vorzuweisen hatten als ihre ausgebollerten Schiesserunterhosen. Herr Wiesner fing gerade wieder an mich zu begrüßen mit seinem: »Ich bin ein Nichts«, als ich seinen Redeschwall stoppte und leidenschaftlich ausrief »Von wegen Nichts! Wir sind kein Nichts. Wer solche Unterhosen der Welt entgegenstrecken kann, Herr Wiesner, der hat seinen Platz dort gefunden.« Ich fuhr fort: »Wenn man uns zusammen so sehen könnte, Herr Wiesner, dann würde man uns gern haben. Da wüsste man, wer solchen Unterhosen treu bleibt, der bleibt auch sich treu.« Dann umarmte ich Herrn Wiesner, weil er gerade so traurig aussah, und flüsterte: »Ich traue unserer Unterhose und deren Gummizug noch immer Wunder zu. Mein Gott, unsere Unterhosen sind von Schiesser, es sind Schiesserunterhosen vom Typ ›Rebell‹!«

Und dann war die Welt wieder in Ordnung und die Helden getröstet. So machten wir uns auf, es noch einmal mit allem im Guten zu versuchen.

Über unglaubliche Geschichten unglaublicher Menschen

Stück für Chor und 3 Einzelstimmen

1: Gestern habe ich Weintrauben gegessen, obwohl ich keine Weintrauben mag.
CHOR: Unglaublich, sagenhaft, nahezu unfassbar!

1: Sie lagen vor mir in einer Schüssel, da bot es sich an, sie zu vernaschen.

CHOR: Unglaublich, sagenhaft, nahezu unfassbar!

1: Ich muss sagen, sie haben geschmeckt. Wenn man bedenkt, dass ich keine Weintrauben mag, wenn man bedenkt, dass ich noch nicht mal Hunger hatte, grenzt das wirklich alles an ein Wunder.

CHOR: Unglaublich, sagenhaft, nahezu unfassbar!
Da isst er Weintrauben, obwohl er keine Weintrauben mag.
Da isst er sie einfach und hat nicht mal Hunger auf irgendwas, und doch wird die Schüssel leer und Sattheit macht sich breit und schüchterne Zufriedenheit.
Unglaublich, sagenhaft, nahezu unfassbar!

2: Ich habe mal Chips gegessen, die habe ich gehasst, weil ich wusste, dass ich zu viele von ihnen essen werde.

CHOR: Unglaublich, sagenhaft, nahezu unfassbar!

2: Das hatte ich schon mal getan. Ich mag nämlich Chips schon sehr gerne und habe stets Hunger auf sie. Aber man darf sie nicht essen, wenn das so bleiben soll. Aber was soll's: Auch von mir hat man selten genug, selbst wenn ich eklig bin.

CHOR: Unglaublich, sagenhaft, nahezu unfassbar!

2: Es ist sehr beschwerlich, ein Spielball der Chipse zu sein. Ich mampfe und mampfe und werde so satt, dass ich selbst Chip werde, nur nicht so knackig!

CHOR: Unglaublich, sagenhaft, nahezu unfassbar!
Da isst sie Chips, obwohl sie sie hasst,
isst sie zuviel, obwohl sie sie hasst,
nur weil sie sie mag, bis sie sie hasst.
Unglaublich, sagenhaft, nahezu unfassbar!

3: Ich habe früher immer Alkohol getrunken, ohne dass ich ihn mochte.

CHOR: Unglaublich, sagenhaft, nahezu unfassbar!

3: Allein um so eine Aussage machen zu können, dass ich den Alkohol früher getrunken habe, ohne ihn zu mögen, dafür musste ich mich früher betrinken. Leider hörte mir dann schon niemand mehr richtig zu, außer wenn es ums Bezahlen ging.

2: Zahlen!

CHOR: Unglaublich, sagenhaft, nahezu unfassbar! Nur um zum Beispiel so einen Satz sagen zu können, dass er mal Alkohol getrunken hat, ohne ihn zu mögen, um wenigstens dies beichten zu können, betrank er sich früher so leidenschaftlich, dass keiner ihm zuhören wollte.

CHOR: Unglaublich, sagenhaft, nahezu unfassbar!

1: Ich habe mal eine Frau geküsst, die wollte nichts von mir wissen.

CHOR: Unglaublich, sagenhaft, nahezu unfassbar!

1: Das dachte ich auch. Ich dachte, da kann ich ja gleich Weintrauben essen, selbst wenn die, die ich nicht mag, gespritzt sind.

3: Ich meine, wenn mir sowieso keiner zuhört, kann ich mich auch betrinken und Unsinn reden, oder?

2: Ich meine, dass der, der mich liebt, mich auch liebt, wenn ich dauernd Chipse esse und hässlich werde, oder?

CHOR: Natürlich, wenn man sowieso am Weinen ist, kann man auch gleichzeitig Zwiebeln schneiden, oder?

Publikum: Unglaublich, sagenhaft, nahezu unfassbar!

(Bei dem Stück werden Weintrauben gegessen, Chipse gemampft, Bier getrunken, Kussgeräusche nachgeahmt und Zwiebeln geschnitten. Das Stück schrieb ich für Heiko Grosche, Christina Seck und Willi Hagemeier.)

Über das Aufstehen

Das allmorgendliche Aufstehen fällt schwer, weil man noch nicht wach ist. Es ist allerdings eine Tatsache, dass man nur deswegen ausschlafen will, weil man sonst immer vor der natürlichen Aufwachphase aus dem Schlaf gerissen wird. Erst die Pflicht des Müssens ermöglicht die Muße des Wollens. Es ist sonderbar, dass Frauen weniger Schwierigkeiten mit dem Aufstehen haben, vielleicht, weil sie danach so lange das Bad belegen müssen, um im echten Leben genauso auszusehen wie in unseren Träumen. Frauen kennen den Unterschied zwischen Traum und Wirklichkeit genauer, weil sie sich vor dem Schminken im Spiegel einschätzen können. Männer wissen aber, dass das Leben nicht ein Traum sein kann, weil sie darin vorkommen. Manche Männer denken sogar, dass Träumen unmännlich ist und nur Kinder beruhigt. Ich bin einmal morgens ganz früh aufgestanden, um den Tag zu verplempern. Ich tat dies nur, um dem Gott der Wichtigkeit ein Schnippchen zu schlagen. Abends bin ich davon sehr müde gewesen. Ich hörte einmal von einem Mann, der träumte, dass er aufgestanden war, welches ihm übrigens auch im Traume nicht sehr leicht fiel. Er träumte also, dass er aufgestanden war, zu seiner ungeliebten Arbeit ging und dort einen anstrengenden Tag verbrachte. Wie groß war seine Überraschung, als er tatsächlich wach wurde und auf seinen echten Wecker blickte. Er hatte im Traum umsonst gearbeitet und konnte dies noch nicht mal als Überstunden geltend machen. Da wurde ihm klar, dass zwischen Traum und Wirklichkeit ein Riesenabgrund klafft. Man muss es sagen, wie es ist: Es lohnt sich einfach nicht, etwas Sinnvolles zu träumen.

Über Uhu

Oh Uhu, keiner ist wie duhu. Alleskleber, Klassenstreber.

Hänschen Dampf in alles Gassen, was du anklebst, wird dann passen.

Uhu, für dich ist Magnetismus ein Fremdwort. Klette ist dein zweiter Vorname, wenn du groß bist, willst du Pattex heißen, und man muss zehn Minuten warten, bis du funktionierst – typisch Erwachsener.

Ich sage Ihnen ganz ehrlich, wenn Uhu nicht mehr kleben könnte, dann würde für mich eine Welt auseinanderbrechen, und niemand wäre da, der sie kitten wollte.

Uhu, der Alleskleber, ist das alles verbindende Wunder in einer zerrissenen Welt.

Ich erinnere nur an die deutsche Wiedervereinigung. Oh Uhu. Das ehemals geteilte rote Meer. Oh Uhu. Das Comeback von Cindy und Bert: Immer wieder Sonntags! Oh Uhu. Was Uhu zusammengeklebt hat, soll der Mensch nicht trennen. Bei uns wird Uhu in der Arzneimittelschublade aufbewahrt. Das sagt doch wirklich alles.

Manchmal ist Uhu, der Alleskleber, selbst so verklebt, dass man ihn nicht mehr aufbekommt, dann denk ich auch: jetzt übertreibt er aber.

Wissen Sie, Uhu hat der Post niemals verziehen, dass ihre Briefmarken nach dem Lecken von selbst kleben.

UhuUhuUhuUhuUhuUhuUhuUhuUhuUhuUhu
Die Engel am Himmel der Weihnachtskrippe
flögen noch immer am Boden herum.
UhuUhuUhuUhuUhuUhuUhuUhuUhuUhuUhu
Das Auto vor dem Tunnel der Modelleisenbahn
fehlte dem großen Spectaculum.
UhuUhuUhuUhuUhuUhuUhuUhuUhuUhuUhu
Den Schornstein auf dem Dach der Puppenstube
klebst du an, als wär er aus Pappe.
UhuUhuUhuUhuUhuUhuUhuUhuUhuUhuUhu
Die Sohle an meinen Filzpantoffeln

peppst du wieder an und tilgst so die Schlappe.
UhuUhuUhuUhuUhuUhuUhuUhuUhuUhuUhu
Selbst den Griff an der Weltkugel zum Wegschmeißen
solltest du festschweißen, dann wird er nicht reißen.
Oh Uhu, duhu, your heart is so true.
Oh Uhu, duhu, your heart is so truhu.
Oh Uhu, schubidubi dubu, schubidubi du.

Über Spinnen

Ich kann es nicht haben, wenn Spinnen in meiner Gegenwart sich strecken und recken und den dicken Max markieren. Kribbel krabbel. Ich mag es nicht, wenn sie so tun, als wäre es ihr Zuhause und ich dort der Gast. Kribbel krabbel. Ich meine, ich pople doch auch nicht in wildfremden Wohnungen herum, wenn ich dort zum Essen eingeladen bin.

Ich frage mich sowieso, wie Spinnen ihren Tag verbringen. Kribbel krabbel. Hängen da so rum und lassen fünfe gerade sein.

Ich meine, wenn Spinnen wirklich den ganzen Tag nur spinnen würden, könnte man doch ganz andere Ergebnisse erwarten, oder?

Sicher, Rom wurde auch nicht in zwei Tagen erbaut, aber ich meine, was ist denn übrig geblieben vom viel gepriesenen Kunsthandwerk der Spinnen? Die Expo in Hannover? Das Olympische Dorf in München, der Eiffelturm in Paris?

Ich glaube, so wie wir Briefmarken sammeln, spinnen die. Kribbel krabbel. Die brauchen doch ihre Netze nicht mehr, um anderes Getier darin zu fangen. Das andere Getier hat sich doch auch weitergebildet und fällt doch nicht mehr auf ein Spinnennetz herein. Die Spinnen spinnen doch nur noch herum, die machen das doch nicht als selbstgewählten Beitrag zum Erhalt ihrer uralten Kultur. Die bauen keine Klettergerüste für ihre Kinder. Nein, die spinnen so, wie Schnecken Schleim hinterlassen. Es ist eine Graffitiaktion, eine Provokation. Die scheißen doch auf unseren Lebensstil und verschandeln ganz bewusst unsere Ecken mit ihren unzeitgemäßen Formen.

Und ich sage Ihnen ganz ehrlich, so ein Spinnennetz bekäme ich auch noch hin, und das, obwohl ich in keinem Handarbeitskursus war und Stopfen nur vom Essen kenne. Kribbel krabbel. Ich weiß gar nicht, was ich ekeliger finden soll. Die kleinen Spinnen oder die großen Spinnen. Die großen Spinnen haben ja wenigstens einen Kopf, aber die kleinen haben nur Beine. Kribbel krabbel. Stellen Sie Sich vor, es gäbe Ihnen einer achtmal die Hand und fummelte ansonsten an Ihnen herum? Die nutzen doch nur unsere lasche Gesellschaftsordnung, um in unseren Nischen wild campen zu können. Und haben Sie schon mal erlebt, dass eine Spinne ihren Spinnplatz wieder sauber verlassen hat? Was ist das denn für ein Vorbild für unsere Jugend! Spinnen Spinnen? Voll cool, eh! Echt kribbel krabbel. Die ziehen doch von Kreti nach Pleti, egal, ob sie willkommen sind oder nicht.

Witzig, dass Gott Wesen erschaffen hat, die man nicht gleich ins Herz schließen kann. Ich habe einen Freund, mit dem geht es mir genauso. Und dann sind Spinnen noch so anhänglich. Ich habe mal eine Spinne gesehen, die konnte sich als Brezel tarnen. Ich beobachtete mal eine Spinne, die konnte eine Faust machen. Ich kenne Kulturen, die finden Spinnen schön und ekeln sich vor Schmetterlingen. Als Gott die Spinnen schuf, hat er doch nur geübt, einen Seestern zu kreieren. Die Spinnen sind Gottes Krickel-krackel-Phase. Haben Sie nicht auch den Eindruck, dass Spinnen immer größer werden? Früher haben ihnen doch kleine Ecken gereicht, jetzt besetzen sie schon ganze Räume. Sitzen die da in schlecht gestrickten Maschen und beobachten uns. Vielleicht arbeiten sie ja als V-Leute fürs BKA? Weiß man's? Verwandelte Wissenschaftler, die unser Verhalten studieren, um dann die Ergebnisse weiterzuleiten an die Werbeindustrie? Woher weiß denn sonst Maggi, dass über uns nach dem Löffeln von Suppen kleine Kochmützen erscheinen? Woher wissen denn sonst die sprechenden Kloschüsseln, dass wir dauernd vor der Glotze hängen, weil wir nicht wissen, wie wir im Grunde unser Klo sauber halten können? Wissen sie, ich habe immer ein schlechtes Gewissen, wenn ich so von Spinnen rede. Ich bin mir nicht ganz sicher, ob sich meine Meinung über Spinnen aus einer rein ästhetischen Einseitigkeit heraus gebildet hat. Wer weiß, vielleicht sind Spinnen ja moralisch gesehen feine Kerle. Andererseits, mögen Spinnen eigentlich Spinnen? Kribbel krabbel.

Ich sage nur, wenn die Spinnen von uns so eine Meinung hätten, wie wir von ihnen, na dann, gute Nacht. Mensch und Spinne sind so grundsätzlich anders, dass wir froh sein können, größer und stärker zu sein. Wenigstens noch!

Über Buchstützen

Ich sage immer, das Buch muss uns stützen und wir nicht das Buch. Es gibt allerdings Bücher, die ohne die Hilfe des Lesers umfallen würden. Da ist es oft erst die Sehnsucht der Leser, die manchem Buch Gehalt und Tiefe einhaucht. Gebetsbücher leben von dieser Aufwertung, aber auch die Bücher von Paulo Coelho. Es gibt natürlich auch Buchstützen, die fallen um, wenn man ein Buch dagegen stellt. Es gibt aber auch Bücher, die sind so dick und schwer, dass manche Buchstützen wirklich überfordert sind. Wer dicke Bücher liebt, braucht ein Regal. Manche Menschen besitzen nicht sehr viele Bücher, aber ein Regal. Diese Menschen brauchen entweder mehr Bücher, um das Regal bis in die Ecken hinein zu füllen, oder aber zwei Buchstützen, um ihren wenigen Büchern einen Halt auf weiter Flur zu verschaffen. Zwei Buchstützen ermöglich das Aufstellen von Büchern auch außerhalb der natürlichen Regalbegrenzungen.

Kürzlich bekam ich von meinem Steuerberater zwei afrikanische Elefanten geschenkt, die als 13 cm hohe Buchstützen aus Shishamholz ihren Dienst antreten sollten. Natürlich brauche ich keine Buchstützen, weil ich selbst genug Bücher habe, um diese als Buchstützen zu benutzen. Die Bücher von Paulo Coelho zum Beispiel, bevor sie als Taschenbücher erscheinen, eignen sich wenigstens dazu, seine Bücher, wenn sie als Taschenbücher erschienen sind, abzustützen. Allein sein Buch: »Der Alchimist« habe ich sechsmal als Hardcover- und viermal als Taschenbuch geschenkt bekommen. Jeweils drei seiner liegenden Hardcoverbücher stützen also nun vier seiner als Taschenbuch erschienenen Bücher ab und haben somit doch noch einen Sinn erfüllt. Es muss nicht alles übersinnlich sein, wenn es auch praktisch geht.

Meine beiden Elefantenbuchstützen waren auf einer Eisenplatte befestigt, die dadurch zwar den Büchern den tatsächlichen Halt entgegenbrachte, dem Elefantendasein aber einen ungemülichen Rahmen unterstellte. Außerdem standen die beiden Elefanten falsch herum. Es ist höchst unwahrscheinlich, dass Elefanten mit ihren Hintern schwere Lasten stützen. Die Elefanten meines Steuerberaters standen aber, an eine Eisenplatte gelehnt, mit den Hintern zu den abzustützenden Büchern und blickten ansonsten, als wüssten sie nicht, was sie taten, in der Gegend herum. Es ist unglaublich, dass man gerade Bücherfreunden unterstellt, sie würden nicht den Unterschied zwischen Hintern und Kopf bemerken. So ist es natürlich richtig: Elefanten drücken mit ihren Köpfen feingeistige Literatur aneinander und wetzen ihren Hintern an dicken Bäumen, wenn er mal jucken sollte. Aus Bäumen werden zwar Bücher gemacht, aber dies steht auf einem anderen Blatt. Ich kam nun auf die Idee, wie ich das Geschenk meines Steuerberaters sinnvoll einsetzen konnte. Ich hatte im Keller noch die Geschäftsunterlagen 1984–1994 für das Finanzamt Paderborn aufzubewahren. Diese Leitzkladden mit ihrer hassenswerten Auflistung meiner Ess-, Trink- und Arbeitsgewohnheiten konnten getrost zwischen Elefantenhintern vergammeln. Ich schaue mir doch solche Hinterlassenschaften nicht mal, wie man so sagt, mit dem Hintern an. Diese Dokumente meiner geschäftlichen Transaktionen verdienen es nicht, anders ihr Dasein zu fristen: gegeneinandergezwängt von Dickhäuterpopos und aufgestellt in dunklen Kellerräumen. Es ist zu hoffen, dass die Elefantenköpfe, vom alltäglichen Bücherballast befreit, nun endlich unbeschwert von Afrika träumen können.

Über das Mitführen einer Fahne

In manchen Ländern ist es Brauch, eine Fahne mitzuführen. Bekannt sind Haus- und Familienfahnen, die den Kontakt mit anderen suchen oder beenden. Schlichte Motive und einprägsame Farbkombinationen stehen für Offenheit oder ewige Ablehnung. Ich habe mir nun auch eine Fahne nähen lassen, die deutlich meinen Wunsch nach Aufmerksamkeit symbolisiert. Ich möchte nicht alleine leben und trete mit ihr heraus aus der mir zugeordneten Übersichtlichkeit. Eine hellblaue Fahne mit schrägen gelben Streifen, in deren Mitte ein roter Klatschmohn auffällt, soll meine Tugenden andeuten und mich begleiten. Das Mitführen einer Fahne verrät viel über seinen Träger. Unter einer Fahne steht man wie im Schatten. Man kann sie schwenken und schwenken und verbreitet damit frische Luft. Eine Fahne, die hin und her fliegt, schafft Raum für hilflose und prominente Mitbürger. Eine komplizierte Situation, eine aufgeladene Atmosphäre verändert sich, wenn eine Fahne über den Hitzköpfen schwebt. Bunte Fahnen sind unwiderstehlich und stecken an mit ihrer Wendigkeit. Wo eine Fahne ist, da steht ein Mensch. Neue Fahnenträger beleben das Straßenbild, Häuser wirken bewohnt, wenn eine Fahne aus dem Fenster hängt. Als führen sie zu Party und Feier, belebt das Fahnenerscheinungsbild Bus und Bahn. Menschen mit weißen Fahnen lieben den Frieden, Menschen mit roten Fahnen suchen die Liebe. Eine Fahne lenkt von einem ab und fördert dadurch Bescheidenheit und Innerlichkeit. Durch die Fahne ragt man heraus aus der Masse, bleibt aber trotzdem Teil von ihr. Die Ausschau nach anderen Fahnen pflegt den Blick nach oben und sucht die Weite. Wo Wind ist, müssen Fahnen wehen. Man hört den Wind klagen und versöhnt ihn durch ein Ziel vor Augen. Die Fahne nimmt ihn auf als Begleiter und Angeber. Material und Form der Fahne sind abhängig von Jahreszeit und Windeslust. Eine Fahne ist Konzept und dokumentiert eine Lebenseinstellung. Sie macht leichtsinnig und gibt trotzdem Halt. Man rammt sie in den Boden und stützt sich darauf auf. Starke Männer tragen schwere Fahnen und schwenken sie unheimlich hin und her. Wie schön, am Zurückwinken einer Frau ihre Erregung zu spüren. Ich kannte mal einen Mann, der vergaß seine Fahne in einer Stammkneipe – typisch. Die Fahne der Betrunkenen beeindruckt durch ihre schonungslose Offenheit. Selten erfährt man in der Kürze so viel über die Trinkgewohnheiten eines Menschen. Ich sah kürzlich auch Fahnen an Kinderfahrrädern, die die Aufmerksamkeit bündeln und dadurch der Sicherheit der kleinen Fahrer dienen. Eine Fahne sollte ihren Platz in jeder Familie finden und selbst Alleinstehenden den Weg aus diesem Zustand zeigen.

Über meine Frau

Ich wollte Ihnen von meiner Frau erzählen. Wie hieß sie noch mal? Wissen Sie, ich habe es nicht so mit Namen. Einmal ein Gesicht gesehen, nie wieder vergessen, aber ich habe es nicht so mit Namen. Naja, ist vielleicht aber auch nicht so wichtig.

Sie hätten ihre Träume sehen sollen. Sie träumte immer von einem größenwahnsinnigen Brühwürfel, der davon überzeugt war, das gesamte Kaspische Meer in einen Riesen-Eimer Suppe verwandeln zu können. Ich meine, was will uns denn der Traum damit sagen? Ich weiß es auch nicht. Ich sage Ihnen ganz ehrlich, das ist mir auch ein Rätsel. Wie meine Frau auch, die war mir auch immer ein Rätsel. Wahrscheinlich quält sie jetzt mit diesem Traum ihren neuen Freund, diesen Arzt. »Hat-einen-eigenen-Parkplatz«. Diesen Heidegger-Verschnitt. »Das Dasein steht vor dem Nichts«, dacht' ich auch, als ich den gesehen hatte. Der immer so herrliche Parties feiert, nur mit Fruchtsäften, ganz ohne Alkohol. Können Sie sich das vorstellen? Nur mit Fruchtsäften, ganz ohne Alkohol? Ich meine, man will doch auch vergessen. Nur mit Fruchtsäften, ganz ohne Alkohol, also der traut sich was.

Sie pfiff ja immer. Wenn sie neben mir herging, pfiff sie immer. So ganz komische Sachen, hatte ich vorher noch nie gehört. So, als müsste sie alleine in einen dunklen Keller gehen und würde dort auf mich treffen. Und nachher pfiff sie dann auf mich, was mich viel mehr traf, als ihre Unstimmigkeiten. Das einzig Treue an ihr ist doch ihr Hund gewesen. Auch, weil er bei mir geblieben ist und mir jeden Morgen diese Zeitung bringt, die ich gar nicht abonniert habe. Das ist doch ein Komplott. Das kann mir doch keiner erzählen. Das ist doch abgesprochen. Natürlich wollte ich zusammen mit meiner Frau alt werden, aber doch nicht so schnell. Erst habe ich ein Leben lang auf sie gewartet, und dann habe ich ein Leben lang auf sie warten müssen. Also, da kann sie lange warten. Einmal, da habe ich nämlich auf sie gewartet, da ist sie gar nicht erst gekommen, ich glaube sogar absichtlich. Also, wissen Sie, rein erotisch hätte uns auch eine Brieffreundschaft genügt. Also gerade die letzten Wochen, das waren die letzten Wochen. Und dabei habe ich immer gesagt: »Schatz, Schatz, Schatz, wir bleiben so lange zusammen, bis wir uns lieben.« Und am Schluss, da waren wir ganz knapp davor gewesen.

Meine Frau hat mich verlassen, ich war ihr egal und schnuppe, dafür könnte ich sie hassen, doch ich esse lieber Suppe – und es schmeckt ausgezeichnet.

Wissen Sie, meine Frau, die hat mich doch nie für voll genommen. Das habe ich doch bemerkt. Wenn ich schon an der Ampel stand und hatte das Knöpfchen gedrückt, was das rote Männchen überreden sollte, sich in das grüne zu verwandeln, dann kam sie immer hinzu und drückte nochmal. Ich habe dann immer gesagt: »Eh Schatz, Schatz, Schatz. Ich habe doch schon gedrückt.« Da hat sie dann immer gesagt: »Trotzdem.« Und wenn sich dann das rote Männchen in das grüne verwandelt hatte, dann hat sie immer gesagt: »Siehst du!« Ich meine, ich habe auch ein Selbstbewusstsein, aber sowas nagt doch.

Und dann immer dieser Quatsch da im Aufzug. Dieser Quatsch da im Aufzug, und das dann vor all den Leuten. Habe ich ihr auch gesagt, es ist doch völlig egal, wer hier drücken darf. Und dann drückte ich immer von 1 bis 3 und sie von 4 bis 6. Immer dieser Quatsch da im Aufzug.

Wissen Sie, meine Frau hat sich so beklagt, dass ich so bequem geworden wäre, dass ich so bequem geworden wäre. Nur weil ich immer mit dem Auto zur Tankstelle gefahren bin, die bei uns direkt an der Ecke lag. – Aber ich meine, ich wollte doch tanken. Also, manchmal denke ich wirklich, wir haben uns nie verstanden. Wissen Sie, wir waren jung, wir waren verliebt, wir waren albern. Wir hatten damals so ein Lieblingsspiel gehabt: »Einsteins Zunge«. Es war das Lieblingsspiel meiner Frau gewesen, weil sie darüber immer so lachen musste. Was musste sie immer darüber lachen. Und wenn dann meine Frau mal eingeladen war, und sie schminkte sich gerade die Lippen, dann habe ich ihr immer »Einsteins Zunge« vorgemacht, weil sie darüber immer so lachen musste. Und dann ist sie gar nicht mehr zum Schminken gekommen und ist dann doch zu Hause geblieben.

»Einsteins Zunge«, das handelte immer davon, dass die Zunge quasi zu mir sagt: »Oh, bitte lass mich doch heraus. Einmal frische Luft schnappen.«

Und ich sage dann zur Zunge: »Das kommt gar nicht infrage, du kannst doch nicht einfach raus und frische Luft schnappen. Die Leute würden es doch völlig falsch versteh'n.«

Und die Zunge drängelt dann weiter: »Oh, bitte lass mich doch heraus. Ich möchte einmal frische Luft schnappen.«

Und ich sage dann wieder: »Nein, Zunge, wir haben darüber geredet, wenn hier einer raus geht und frische Luft schnappt, dann die Nase. Nase, schnapp du frische Luft.«

Wissen Sie, dann schnappte die Nase tatsächlich Luft, aber die Zunge lässt dann immer noch nicht locker: »Oh, bitte lass mich doch heraus. Einmal frische Luft schnappen!«

Und ich sage schließlich: »Also gut, Zunge, aber nur einmal und nur ganz kurz.«

Dann kam halt die Zunge herausgeschnellt wie der Kuckuck aus einer Kuckucksuhr, und meine Frau brach zusammen vor Lachen. Wir waren halt jung, wir waren verliebt, wir waren albern. Also, heute kommt mir das Ganze auch ein wenig komisch vor. Aber ich meine, so etwas macht man halt, wenn man jung und verliebt ist, was soll man denn sonst machen? Ich weiß noch, damals hat meine Frau immer das Licht ausgemacht, wenn ich auf der Toilette saß. Ich meine, das war nicht so schlimm, aber ich war dort immer am Lesen. Das macht man halt, wenn man jung und verliebt ist. Damals hatte ich noch so einen festen Schlaf gehabt, da bin ich manchmal morgens aufgewacht und hatte eine Badekappe auf. Habe ich damals drüber gelacht! Kommt mir heute auch ein wenig komisch vor. Aber ich meine, was waren das auch für Zeiten.

Und irgendwann war meine Frau wieder eingeladen gewesen, sie war gerade am Schminken, da mache ich ihr wieder unser Lieblingsspiel »Einsteins Zunge« vor, und ich merke, sie lacht nicht mehr darüber. Da wusste ich, sie macht sich für jemand anderen schön.

Meine Frau hat mich verlassen. Ich war ihr egal und schnuppe. Dafür könnte ich sie hassen, doch ich esse lieber Suppe – und es schmeckt ausgezeichnet.

Vor allen Dingen kann ich jetzt diese Suppe mal ganz alleine essen. Wissen Sie, bei uns gab es immer viel Suppe. Aber meinen Sie, meine Frau hätte gerne ihre Suppe gegessen? Nein, immer am liebsten meine. Ich weiß auch nicht warum, vielleicht, weil ich der bessere Puster bin. Ich weiß es nicht, aber das sind ja schon mal Vorteile. Jetzt esse ich die Suppe ganz alleine. Jetzt habe ich das große Bett für mich. Das sind schon Vorteile. Manchmal liege ich sogar auf ihrer Seite. Ich meine, was soll denn das, wenn der Platz da ist.

Jetzt habe ich immer beide Kissen. Von Anfang an. Das sind schon Vorteile. Und ich muss nicht mehr so viel Kaffee trinken. Was musste ich früher immer viel Kaffee trinken, weil sie immer das Plätzchen haben wollte, das da mitgeliefert wurde. Und wissen Sie, was ich gemerkt habe? Ich mag überhaupt keinen Kaffee, ich mag das Plätzchen.

Und beim Frühstück esse ich jetzt auch mal den Knust. Das Brotendstück. Natürlich gibt sonst immer der Mann der Frau den Knust. Er ist der Mann, sie ist die Frau. Aber ich wusste auch nicht, wie lecker der schmeckt.

Und wissen Sie, das beste ist, in der Badewanne muss ich nicht mehr auf dem Stöpsel sitzen. Natürlich sitzt sonst immer der Mann auf dem Stöpsel. Er ist der Mann, sie ist die Frau. Ich dachte sogar eine Zeit lang: »Das ist gesund!« Und ich wusste halt nicht, wie angenehm es auf der anderen Seite ist. Da wurde man bewusst für dumm gehalten.

Und letzte Woche, da habe ich mal wieder aus Versehen für zwei Personen gedeckt, da konnte ich zwei Tage hintereinander frühstücken und brauchte nicht abzuräumen. Also nur Vorteile.

Meine Frau hat mich verlassen. Ich war ihr egal und schnuppe. Dafür könnte ich sie hassen, doch ich esse lieber Suppe – und es schmeckt ausgezeichnet.

Ach jetzt weiß ich es wieder: INGRID!

Über Nudeln

Nichts Halbes und nichts Ganzes, immer nur zuviel.
Nudeln weich zu kochen, ist ein fürchterliches Spiel.
Im Wasser sich vermehren, im Wasser sind sie dick.
Ich könnte heute schwören, dabei gibt's doch 'nen Trick!
Wo bleibt nur Bischof Dyba, ich hab noch Nudeln über!
Nach der Spagettibrechung, gibt's eine Heiligsprechung.
Oh Nudeln schlürf schlürf
Nudeln schlürf schlürf
Nudeln schlürf schlürf
Mhm

Lieber Herr Birkel!
So geht das nicht weiter. Will ich mir eine Portion Nudeln kochen, werden zwei daraus. Koche ich zwei Portionen, werden drei daraus. Will ich dann einmal Spagetti essen, habe ich die ganze Woche was davon. Die Nudel täuscht. Sie gibt vor, weniger zu sein, als sie dann wird. Wie ein Kind, das heimlich erwachsen wird.

»O Junge, du bist aber gewachsen. Wo warst du denn gestern?«

Die Nudel täuscht. So wie ein Überraschungsei ohne Überraschung. Ich meine, das ist auch eine Überraschung, aber man freut sich nicht so.

So wie ein ostwestfälischer Bauchredner, der seinen Text vergessen hat, aber keiner merkt es.

So wie Lassie, die gerne mit Kindern spielt, aber sie noch lieber rettet.

Ich kann an einer Röhrennudel nichts Sympathisches finden, wenn sie mir im kochenden Wasser auf dem Kopf 'rumtanzt. Die Arroganz der Spagetti geht mir gegen den Strich. Jungs, achtet auf eure Haltung, sonst brech' ich euch. Zum Glück kann man Spagetti gut um den Finger wickeln, und sei es mit einer Gabel. Wissen Sie, ich habe Angst, dass die Spagetti in meinem Bauch wieder steif werden und dann Mikado spielen mit Dünndarm und Dickdarm.

Manchmal denke ich bei Nudeln an Autobahnknotenpunkte, aber warum eigentlich?

Ich wohnte mal über einem Schlangendresseur, dessen Schlangen konnten perfekt Spagetti nachahmen, schmeckten aber völlig anders. Da sehnte man sich doch nach dem Original.

Ich habe mal im Dekorieren von Nudelgerichten einen Sinn gesehen. Ich konnte bei einer Nudel erkennen, ob sie sich fallen ließ, und wenn, in welche Richtung. Wissen Sie, es rührt mich, dass Nudeln so zusammenhalten. Da können wir Menschen uns eine Scheibe von abschneiden. Man darf nicht vergessen, dass Nudeln ungeheuer anpassungsfähig sind. Sie leben sich schnell ein, ist der Topf noch so klein. Man fragt sich oft zu Recht, wo bleibt eigentlich das Wasser?

Wissen Sie, es würde mich stören, wenn bei dieser wunderbaren Nudelvermehrung die Nudeln mich bewusst täuschen würden. Ich hoffe, es liegt einfach eine Botschaft in ihrem Treiben.

Vielleicht wollen sie uns damit etwas sagen wie:

1. Wir sind mehr als wir scheinen!
2. Wundere dich nicht, wenn ich überrasche!
3. Seid bescheiden und mehret euch!
4. Gib' mir die Möglichkeit, mich zu entfalten!
5. Ich kann mit Freiheit umgehen, wenn du mir vertraust!
6. Lass dich fallen, lass dich gehen, werde weich!
7. Wenn es Nudeln gibt, dann lade Gäste ein!

Aber vielleicht sind sie auch nur Botschafter einer fremden Macht, die wollen, dass wir dick werden. Noch dicker werden, nudeldick werden und bewegungsunfähig wie Schildkröten, die auf dem Rücken liegen. Au ja!

Aber vielleicht muss man aber auch nur Italiener sein, um beim Nudeln nicht nur ans Essen zu denken.

Was macht die kluge Hausfrau, deren Mann beim Kartoffelholen in den Keller gefallen ist? Nudeln!

Nichts Halbes und nichts Ganzes, immer nur zuviel.
Nudeln weich zu kochen, ist ein fürchterliches Spiel.
Im Wasser sich vermehren, im Wasser sind sie dick,
ich könnte heute schwören, dabei gibt's doch 'nen Trick!
Wo bleibt nur Bischof Dyba, ich hab noch Nudeln über!
Nach der Spagettibrechung gibt's eine Heiligsprechung.
Oh Nudeln schlürf schlürf
Nudeln schlürf schlürf
Nudeln schlürf schlürf
Mhm

Über Busse

1. Ein Bus ist ein Bus, und noch ein Bus mehr sind zwei Busse.

Busse halten nur an Bushaltestellen, sonst fahren sie tagein, tagaus exakt nach Busfahrplan.

Wem der Bus vor der Nase wegfährt, sieht ihn von hinten, und keiner winkt und keiner weint.

Auf dem Busparkplatz stehen Busse neben Bussen wie im Spalier. Als erwarten sie hohen Besuch. Dabei sind Busse nur nicht gern allein.

Die Heimat der Busse ist der Busparkplatz. Ein leerer Busparkplatz wirkt viel größer, als derselbe volle. Nichts wirkt leerer, als ein leerer Busparkplatz, nichts wirkt voller, als ein voller.

2. Die meisten Busse sind verwunschen und treiben mit Reklametafeln durch die Städte. Ein verwunschener Bus kann seinem Schicksal nur entrinnen durch die Selbstanzeige einer jungfräulichen Schwarzfahrerin. Ein erlöster Bus wird schwarzweiß gestrichen und darf auf Safari Nashörner rammen.

3. Manchmal sieht man vor lauter Bussen keine Altstädte mehr. Viele sagen, wir brauchen kleine Busse. Manche aber auch, wir brauche mehr Altstädte. Kommt Zeit, kommt Rad.

4. Busse haben eine Grundausstattung, zu der neben vier Reifen auch ein Lenkrad gehört.

Busse besitzen kleine rote Fensterhämmerchen, die nicht nur nett anzusehen sind, sondern auch dem Busfahrer die Möglichkeiten offen lassen, selbst während der Fahrt durch das Fenster auszusteigen.

Busse sollten auch Toiletten haben, aber das glaubt niemand und schlägt lieber die Beine übereinander und malt verlegen Herzen aus.

5. Alle Busse sind besonders stolz auf ihre kleinen roten »STOPP«-Knöpfe. Drückt der Busfahrgast den kleinen roten »STOPP«-Knopf, passiert das Wunderbare. Der Busfahrer muss an der nächsten Bushaltestelle halten. Der Busfahrgast kann nun aussteigen und winken, er darf aber auch im Bus sitzen bleiben und erneut den roten »STOPP«-Knopf betätigen, und wieder passiert das Wunderbare. Der Busfahrer muss an der nächsten Bushaltestelle halten. Der Busfahrgast kann nun aussteigen und winken. Er darf aber auch im Bus sitzen bleiben und erneut den roten »STOPP«-Knopf betätigen, und wieder passiert das Wunderbare.

6. In manchen Bussen sitzen nur Amerikaner, die sprechen nur Amerikanisch, kauen Kaugummi und kleben es nachher unter ihre Sitze.

Es sollte für den Busfahrgast selbstverständlich sein, den Busfahrer nicht durch Kaugummikauen und plötzlich »Keines-mehr-im-Mund-Haben« zu provozieren.

Der Busfahrer fährt den Bus, auch in den Kurven.

In manchen Bussen sitzen nur Fußballspieler, die haben Trainingsanzüge an und umarmen sich, wenn von ihnen Fotos gemacht werden. (Nach einem verlorenen Spiel schauen sie immer auf den Boden und knibbeln die Kaugummis der Amerikaner unter den Sitzen hervor.)

Busse voller Skinheads müssen nach der Fahrt immer vollständig überholt werden. Da sind die Fahrten der Bäckerinnung und der Schornsteinfegervereinigung angenehmer, und schwarz und weiß gehören schließlich auch zusammen. Gemütlich wirken Busse, in denen nur Senioren sitzen, die singen immer, und der Bus wackelt beim Schunkeln.

Schützenbrüder wissen sich nicht nur auf Hinfahrten zu benehmen. Nein, auch auf Rückfahrten liegen sie ordentlich grün auf grün gestapelt in den Gängen und kotzen nicht die teuren Sitzbezüge voll. Uaaaah! Außerdem fragen sie immer vorher, ob sie drei Kisten Bier, eine Erbsensuppe, ein Bockwürstchen und vierzehn Korn mit in den Bus bringen dürfen. Uaaah!

Kinderfahrten kosten immer Busfahrernerven. Kinder weinen dauernd und müssen ewig aufs Klo. Außerdem haben sie ihren gesamten Reiseproviant schon vor der Fahrt aufgegessen und bewerfen dann den Busfahrer mit Maoamklümpchen.

Niemand weiß von den Bussen der Bundeswehr. Sie sind so erstaunlich gut getarnt, dass man sie erst bemerkt, wenn man dagegen gelaufen ist.

Viele Stadtbusse schauen geringschätzig auf ihre Kollegen Landbusse, weil Stadtbusse in der Stadt eine eigene Spur haben, dafür fahren bei Landbussen manchmal Hühner mit und legen Eier.

Es gibt eine Prostituierte in Büren, die arbeitet in einem ausrangierten Bus, der in einem Waldgebiet auf einem Parkplatz steht. An den Scheiben hängen gelbe Vorhänge, die man zuziehen kann. Sie raucht zuviel und muss viel lachen, auch wenn nichts lustig ist. Alles in allem eine unangenehme Sache, die nur am Rande erwähnt werden soll.

Es gibt Busse, die sind ganz leer, und, weil es Nacht ist, beleuchtet. Da möchte man einsteigen und mitfahren, egal wohin.

7. Busfahrer sind keine Gondoliere. Busfahrer sind Busfahrer.

Busfahrer dürfen während der Fahrt nicht sprechen, auch nicht singen. Auch nicht so einfache Dinge wie: »Mein Hund der hat drei Zecken, drei Zecken hat mein Hund, und hätt' er nicht drei Zecken, dann wär mein Hund gesund.« Darf er nicht. Eine Verordnung, die sicherlich auch ihre Vorteile hat.

8. Busfahrer altern sehr schnell, sterben im Stau und werden in kleinen schwarzen Linienbussen begraben.

Busfahrer landen meistens in der Hölle, da sie dauernd in sich hineinfluchen und es in ihnen aussieht wie in einer Folterkammer für Schwarzfahrer und Kaugummikauer.

Es gibt Busfahrer, die enden im Himmel, im sogenannten Busfahrerparadies. Dort liegen sie den ganzen Tag faul im

Bett herum, reden und reden, kauen Kaugummi und kleben es nachher unter die Busfahrersitze. Busfahrer nennen einen solchen Tag »Bus- und Betttag«, wir hier unten diese Erscheinung am Himmel »Cumulus-Wolken«.

Über Chicorée oder Der Chicorée Disput

Ich wasche gern Salat und schneide grüne Gurken – Tomaten haben etwas so Verletzliches.

Ich bin Paprikafreund und fülle sie mit Mais auf, und komme mir dabei wie mein Zahnklempner vor.

Manchmal schüttel' ich Kokosnüsse, heimlich auf dem Stand am Markt. Der Porrée hat die Würde wie von Weizäcker, der Blumenkohl erinnert mich an Uta Ranke-Heinemann, Radieschen an die Sängerin Mireille Matthieu.

Zwiebeln bringen mich zum Weinen, Ohrringe wie sie erscheinen, vier der Ringe lege ich zum AudiAutoAngeberSymbol –

Chicorée, Chicorée, Kohl!

Chicorée, Chicorée, Kohl!

Der Chicorée war ursprünglich eine zweijährige Pflanze. Heute rodet man die im Freiland gezogenen Wurzeln im Herbst, um sie in drei Wochen auf Trab zu bringen. Ewige Lolitas, gezüchtete Tennisstars, auf ewig um Kindheit und Jugend betrogen. Untergebracht in völlig verdunkelten Kühlräumen, simuliert man für sie den Winter bei Temperaturen weit unter null Grad. So werden die Rüben zum zweiten Austreiben gezwungen, ein zähneklapperndes Strecken, ein Aufbäumen unter Protest. Dicht an dicht stehen die sympathischen Wichtelmänner aufrecht in unwirtlichen Treibkisten, zu allem Unglück von oben ständig beregnet, wie Ostwestfalen. Und da wundern Sie sich, dass Chicorée so bitter schmeckt? Chicorée ist nicht bitter, kein Chicorée, das ist bitter.

Ich wasche gern Salat und schneide grüne Gurken – Tomaten haben etwas so Verletzliches. Ich bin Paprikafreund und fülle sie mit Mais auf und komme mir dabei wie mein Zahnklempner vor.

Manchmal könnt' ich lachen, hör ich die Möhren krachen, Möhren hören gerne, wenn es kracht: knack, knack, knack, knackt!

Über einen Streugut-Tester

1. In Paderborn gibt es natürlich auch ein Bürgerfernsehen. Fernsehen von Bürgern für Bürger, wenn diese überhaupt zuschauen. Natürlich gab es dort auch eine Jugendsendung, die sich in nichts von ihren professionellen Vorbildern im Privatfernsehen unterschied, weil hier wirklich alles abgekupfert war, was als cool galt. Außerdem: nachmachen, klauen, abkupfern galt im Bürger-TV so ziemlich als das Coolste, gerade wenn es noch so richtig selbstgemacht herüberkam. »Cool sein in der Provinz« hieß die Sendung, wo kaugummikauende Jugendliche MTV spielten und zwei Stunden lang nichts sagten, was irgendwie von Belang war. In der Weihnachtssondersendung »Cool sein in der Provinz« war ein ganz cooler Gast eingeladen worden, ein Streuguttester.

»Heute wollte ich mich in ein Bett legen, das gestern noch dort gestanden hatte«, sagte der Streuguttester und rieb sich seinen Po. »Ich falle viel, Gefahr zieht mich an. Gerade im Winter muss ich aufpassen, dass ich nicht stürze. Ich habe mein Problem zu meinem Beruf gemacht. Mein Name ist Gerold Kunkel. Ich bin Streuguttester.«

Die Kamera fuhr danach abrupt herum und nahm den Fernsehmoderator der Jugendsendung ins Visier. Der schlaksige Mann mit den grünen, hochtoupierten Haaren schaute direkt in die Kamera. Es sah zu Hause auf dem Bildschirm aus, als würde er dem Fernsehzuschauer direkt gegenüber sitzen. Weil Ingo, so hieß der Typ vom Bürgerfunk, dabei so lässig an seinen Fingernägeln kaute und sich gähnend auf dem Fernsehsofa herumlümmelte, glaubte man, ihn schon seit Ewigkeiten zu kennen. Er flegelte sich auf dem gelben Sofa herum, als wären seine Eltern für einen Monat im Winterurlaub, und er hätte sturmfreie Bude. Neben ihm saß ein großer, dicker Mann mit Nickelbrille. Er hatte sich für den Fernsehauftritt übertrieben locker angezogen und fiel dadurch in einem weißen Blaumann besonders auf. Ingo kratzte sich gerade am Kopf, zog sein glänzendes rotes T-Shirt über seine Hose mit den aufgenähten Seitentaschen, legte einen Fuß auf den Glastisch und grinste in die Kamera.

»Hallo Leute«, murmelte Ingo, »willkommen zu unserer Sondersendung ›Cool sein in der Provinz‹. Wir haben heute einen Streuguttester zu Besuch. Jeder, der sich morgens auf dem Schulweg schon mal auf die Schnauze gelegt hat, weiß, wovon ich rede.

Das Streugut ist das ›A‹ und ›O‹ des Winterdienstes. Ausrutschen und Ohnmächtig-W,erden gehören danach der Vergangenheit an. Gut gestreute Bürgersteige machen jede Rutschpartie zunichte. Und wem verdanken wir das alles? Ganz genau, unserem Streuguttester Gerold Kunkel. Ruft an, schickt uns ein Fax oder ein E-Mail, wenn ihr Fragen an unseren Studiogast habt. Wir lauschen erst einmal der Werbung. Und bis dahin: Be cool, Baby.«

Ingo, der Jugendsendung-Moderator mit den grünen Haaren, rutschte noch weiter nach vorne, legte dabei sein anderes Bein auf die Zuschauerpost, die kreuz und quer auf dem Tisch herumlag, und gähnte wieder.

Auf den Studiomonitoren konnte man die Werbung verfolgen. Ein Junge schwärmte gerade von einer Hose mit aufgenähten Seitentaschen. Der Junge sah genauso aus wie Ingo, hatte grüne Haare und trug ein glitzerndes rotes T-Shirt, welches er immer vergeblich über seine Hose ziehen wollte.

»Wie wird man eigentlich Streuguttester?«, fragte Ingo plötzlich seinen Studiogast und setzte sich eine Sonnenbrille auf.

»Sie kennen die Hallostraße nicht«, sagte der Streuguttester.

»Was hat denn das mit dieser Hallostraße zu tun«, fragte Ingo, so, als würde es ihn keine Bohne interessieren, was das alles mit der Hallostraße zu tun hatte.

»In der Hallostraße fing alles an. Ohne die Hallostraße wüsste ich gar nicht, wie gut man fallen kann«, sagte der Streuguttester und schaute besorgt auf den Moderator, der auf seinem Sofa noch mehr nach vorne rutschte. »Ich an Ihrer Stelle würde ein wenig vorsichtig sein, sonst machen sie bautsch«, wollte er gerade sagen, als Ingo zwischen Sofa und Tisch einbrach wie ein Schlittschuhläufer durch eine Eisdecke. Ingo hing mit Füßen, an denen Turnschuhe mit herunterbaumelnden Schnürbändern zu sehen waren, in der Luft, und fluchte ganz unweihnachtlich: »Mist! Mist! Ich bin hier eingeklemmt.«

Der Streuguttester schüttelte den Kopf und starrte verwundert auf die Studiomonitore. Gerade drückte sich dort ein Mädchen einen Pickel aus, und ein anderes öffnete stattdessen ein Geschenkpaket, in dem eine Antipickelsalbe war. Plötzlich winkte ein Kameramann, und die Sendung ging mit dem völlig überraschten Ingo weiter.

»Hallo Leute«, schrie er gequält, »so sieht es aus, wenn euer Lieblingsmoderator auf dem Boden liegt. Blöde Situation, aber kein Beinbruch. Vielleicht kann Euch unser heutiger Studiogast schon mal verklickern, wie man Streuguttester wird. Gerold Kunkel, fang einfach an. Das Christkind und die Engelein finden Streugut oberfein.«

2. Die Hallostraße: Die Hallostraße hieß natürlich nicht »Hallostraße«, sondern Birkenweg. Wie alle Straßen, an denen keine Bäume standen, sollte dieser Name echte Birken ersetzen. Da hatte man die Rechnung ohne Frau Hallo gemacht. Sie gab dem Weg einen neuen Namen. Frau Hallo lag den ganzen Tag auf ihrem Kissen in einem Fenster und schrie: »Hallo! Hallo!« Auch wenn niemand vorbeiging und keiner zurückrief. »Hallo! Hallo!« Es gibt halt Menschen, die liegen den ganzen Tag im Fenster und gucken und schreien, und es gab auf der Hallostraße so viel zu gucken, dass man darüber nur schreien konnte, um nicht vor Lachen aus dem Fenster zu fallen. Die Hallostraße war sehr steil. Sie ging steil hoch und dann wieder steil herunter. Die Hallostraße war eine steile Straße am Ende des Ortes. Es gab keinen Bürgersteig neben der Hallostraße, weil die Häuser zu dicht am Weg lagen. Man musste sich bei Schnee und Eis ganz vorsichtig die Anhöhe rauf- und runtertasten, wenn man nicht »rums bums« die gesamte Hallostraße hinunterrutschen wollte, um von dort erneut einen Aufstieg zu wagen. »Hallo. Hallo!« Natürlich schaut

man von der Straße auf, wenn jemand »Hallo« ruft und konzentriert sich nicht mehr auf die glatte Straße, verliert sein Gleichgewicht und seine Geschenkpakete, und purzelt die Hallostraße wieder herunter. Herr Atlas purzelte am Dienstag mitsamt einem eingepackten großen Ball in den Abgrund und rief dabei: »Uaaaaah! Lawinengefahr!«

Frau Elefant fand man am Donnerstag am Ende der Hallostraße, wo sie dauernd ein Geschenkpaket schüttelte, welches neben ihr herunter gerutscht war und sich nun nach gerade entstandenem Porzellan-Konfetti anhörte.

Franz Aldi rutschte am Freitag die Hallostraße herunter. Er setzte sich dabei so geistesgegenwärtig auf seine Plastiktüte, dass man erst dachte, er hätte sich selbst eingekauft und nun den Eildienst bemüht.

Ute Dingsbums kam am Samstag von links unten und Helmut Otten kam am Samstag von rechts unten, als sie in der Mitte auf das »Hallo!« der Frau Hallo reagierten und daraufhin gemeinsam in Ute Dingsbums' Richtung rutschten und nun verheiratet sind. Sie wollen ihr erstes Kind übrigens »Hallo« nennen.

Am Sonntag marschierte die Blaskapelle der Freiwilligen Feuerwehr Mastbruch über die Hallostraße. Sie wollte den Gästen auf dem Weihnachtsmarkt ein Ständchen bringen. Obwohl die Bläser sich vorsorglich Watte in die Ohren gesteckt hatten, und so kaum was hören konnten, erstaunte sie der Anblick von Frau Hallo so sehr, dass sie holter di polter, schepper schepper blech blech, »Leise rieselt der Schnee« spielend, die Hallostraße hinunter rutschten und viel zu früh auf dem Weihnachstmarkt eintrafen. Frau Hallo hatte sich zur Verblüffung der Blaskapelle in ihr Fenster gehängt und seelenruhig ihr Oberkissen ausgeschüttelt. Zufällig fing es in dem Augenblick an zu schneien. Da staunte die Feuerwehrtruppe und rief laut: »Das ist nicht Frau Hallo, das ist Frau Holle.« So kam die Schlitterpartie in Fahrt.

Kurz vor Weihnachten fand man den Weihnachtsmann inmitten von Hirschen und Geschenkeschlitten. Er hatte sich zu sehr den »Hallo-Rufen« gewidmet und rutschte wie im Rückwärtsgang nach unten.

Das brachte das Fass zum Überlaufen. So konnte es nicht weitergehen. »Entweder Frau Hallo hört mit dem ›Hallo‹-Rufen auf oder sie bekommt ganz dollen Ärger.« Frau Hallo konnte nicht mit den Hallorufen aufhören, sie musste den ganzen Tag »Hallo« rufen, weil sie sonst ganz traurig geworden wäre. Natürlich hieß Frau Hallo nicht Frau Hallo, sondern Frau Kunkel und zum Glück kam ihr Sohn Gerold auf eine Idee:

»Man müsste die Eisstraße mit etwas bestreuen, dass man nicht mehr darauf ausrutschen kann.« Aber was sollte man darauf streuen, und wer probiert dies vorher aus? So wurde Gerold Kunkel Streuguttester.

3. Stille Nacht allerseits: Ingo hatte sich inzwischen eine Weihnachtsmannmütze übergestülpt und lief damit im Fernsehstudio hin und her. Der Streuguttester schaute dabei ängstlich auf die Schuhbänder, die Ingo immer noch nicht zugebunden hatte und die links und rechts von seinen Schuhen baumelten.

»Kling, Glöckchen, klingelingeling. Wir haben einen Anrufer, oh ich sehe, es ist sogar eine Anruferin! Am Apparat müsste Kerstin sein. Kerstin? Was kann ich für dich tun?«

»Ingo, ich habe eine Frage an den Streuguttester.«

»Heraus mit der Sprache, dafür sind wir hier.«

»Mich würde es interessieren, wie man Streugut testet? Legt man sich dabei dauernd auf die Schnauze, oder was macht man da?«

Kerstin am Studiotelefon lachte überdreht, während Gerold »Streuguttester« Kunkel nicht die Augen von Ingos Schnürbändern ließ. Ingo zog sich seine Weihnachtsmütze tiefer in die Stirn, schob die Sonnenbrille vorn auf die Nasenspitze und sagte über die Gläser blinzelnd:

»Bevor wir die Frage beantworten, möchte ich darauf hinweisen, dass jeder Anrufer oder Fax- und E-Mail-Verschicker automatisch an einer Verlosung teil nimmt. Was gibt es zu gewinnen? Es ist das Buch von unserem Studiogast mit dem ergreifenden Titel: ›Der Streuguttester.‹ Moment, ich müsste es auch irgendwo liegen haben.«

Gerold Kunkel wollte noch rufen: »Achten Sie beim Laufen auf Ihre Schnürbänder«, als Ingo schon darüber gestolpert war und mit einem unweihnachtlichen Fluch eine Pinnwand umgerissen hatte. »Mist!« Die Pinnwand flog direkt gegen die gerade aufnehmende Handkamera, und plötzlich war das Fernsehbild verschwunden, mitsamt Ingo und dem Streuguttester. »Stille Nacht allerseits« murmelte der Streuguttester.

4. Eis und Schnee – au weh: Gerold Kunkel übte inzwischen sein Umfallen als Beruf aus. Er erhielt einen Spezialauftrag der »Jass Baubedarf GmbH & Co. KG« aus Königswinter. Er sollte ihr neu entwickeltes EIFELLAVA STREUGUT testen und für straßentauglich befinden. Gerold Kunkel war gut vorbereitet, als einziger Streuguttester im deutschsprachigen Raum konnte er nicht über Aufträge klagen. Er liebte seinen Beruf, bemühte sich aber, dessen Risiken und Schattenseiten auf ein erträgliches Maß zurückzuschrauben. Er hatte erkannt, ein logisches Vorgehen unter Einhaltung der höchsten Sicherheitsstufen war unerlässlich, wenn er seinen Beruf noch länger ausüben wollte. Gerold Kunkel setzte sich einen Sturzhelm auf. Es war ein schlichter, gelber Sturzhelm mit integriertem Kinnschutz. In der Weihnachtszeit war der Helm durch einen erleuchteten Stern gut zu erkennen. So störte er nicht die Festtagsstimmung und schützte vor bösen Überraschungen. Von den Inlineskatern hatte sich der Streuguttester den Schutz für Handballen und Ellenbogen, von den Eishockeyspielern die Knieschoner abgeschaut. Am gefährdetsten war der Popo eines Streuguttesters. Ein Streuguttester im Einsatz fiel nicht nur schnell auf seinen Popo, sondern versuchte sogar, auf dieser relativ gut belastbaren Körperpartie zu landen, um andere, noch empfindlichere Stellen zu schonen. Natürlich ist es auch irgendwann ein Popo leid, dauernd seinen Kopf hinhalten zu müssen. Blaue Flecken und Prellungen stellen sich bei dauerndem Aufplumpsen ein. Zum Glück hatte der Streuguttester eine Idee.

Gerold erinnerte sich an das Kissen seiner Tante Hallo. Tante Hallo wohnte nicht mehr in der Hallostraße, sondern ruhte seit kurzem auf einem Wolkenkissen und rief von dort ihr »Hallo! Hallo!«, wenn der Weihnachtsmann mit seinem Schlitten vorbeidonnerte. Gerold Kunkel hatte dieses Kissen geerbt und brachte es in Erinnerung an Tante Hallo in seinen Beruf ein. Dieses Kissen konnte er mit einem Gürtel an seinem Hosenboden befestigen, und es war ihm Schutz bei mancher Rutschpartie und gab ihm ein sympathisches Aussehen.

»Wie man Streugut testet:

1. Man sucht sich eine verschneite und vereiste Teststrecke. Ich empfehle die Hallostraße, ehemaliger Birkenweg, am Ende des Ortes. Die Hallostraße wird im Winter nicht offiziell gestreut und eignet sich deshalb bestens zum Erproben neuer Streuverfahren.
2. Der Winter ist eine klare Zeit. Alles scheint so durchsichtig, als befände sich die Welt im Schönheitsschlaf. Langsames und behutsames Vorgehen ist eine Frage des Respekts, das Einsetzen von umweltverträglichen Streuverfahren selbstverständlich. Ich höre bei der Arbeit gerne die Musik von Johann Sebastian Bach, die mich immer daran erinnert, dass wir verletzbar sind und ähnlich wie das Streugut auf die Welt gestreut wurden, um die göttlichen Kräfte zum Lachen zu bringen, damit sie nicht ins Stolpern kommen.
3. Eine gewisse Unschuld ist die Grundvoraussetzung für jeden Streuguttester, vorheriges Schneeschieben Pflicht. Sehen wir es so: Gibt es einen schöneren winterlichen Anblick als einen schneeschiebenden Menschen, der bei Tagesanbruch mit einem Schneeschiebertanz den Göttern des Eises ihre Größe vorführt? Kommen wir zum Streuguttest. Nach Verstreuen der Anti-Ausrutsch-Masse streunen wir, ähnlich einem einsamen Hund, natürlich nur nach Beachtung aller Sicherheitsvorkehrungen, gelangweilt über die Teststrecke. Es ist wichtig, dass wir mit den Gedanken woanders sind und unbefangen an die Arbeit gehen. Gewisse Temposchwankungen sind nicht nur unvermeidlich, son-

dern notwendig. Sie geben einen Überblick und gehören zum Gesamtbild einer Testreihe.

Als müssten wir noch einen Zug erreichen, der bestimmt nicht auf uns warten wird, eilen wir über den Parcours.

Als wären wir alt und auf den Beinen wackelig, legen wir eine andere Gangart ein und tasten uns eher vorwärts, auf dass wir nicht stürzen. Als wären wir verliebt und schwebten über den Wolken, gleiten wir spitzbübisch, fast engelsgleich, über die eisbedeckte Welt.

Als hätten wir das falsche Schuhwerk an und trügen statt der Winterschuhe schwarze festliche Ausgehschuhe, stapfen wir wie ein Laufen lernendes Kind zur Weihnachtsfeier und denken nicht an Streugut, sondern an Weihnachtsbaum und Geschenke. Bautsch!

4. Fällt der Streuguttester, rutscht er aus, hört man ein Rums Bums? Schliddert er den Abhang hinunter, legt er sich lang, verliert er sein Gleichgewicht? Landet er auf dem Hosenboden, legt er sich auf die Schnauze, purzelt er auf die Nase? Fehlt es an Bodenhaftung, verwandeln sich Winterschuhe in Schlittschuhe, reißt es dich um und deinen Hund auch? Sagt jemand »Aua gemacht!«, haut es dich hin, schlägt es dich hernieder? Klarer Fall, das zu testende Streugut lässt zu wünschen übrig und darf so nicht in den Handel gelangen.«

5. Schlusskontrolle: Wenn sie keinen Hunger haben, und wollen ihre eigenen Testergebnisse noch einmal von unabhängigen Fachmännern überprüfen, rufen sie den Pizzaservice an. Bautsch! Manchmal reicht es auch, auf die Post zu warten. Bautsch!«

(Aus: »Der Streuguttester« von Gerold Kunkel, Paderborn 2000)

Nach mehreren Testreihen wurde z. B. das EIFELLAVA STREUGUT nach den Vorstellungen des Streuguttesters weiterentwickelt und erst dann in den Handel gebracht. EIFELLAVA STREUGUT ist nun umweltfreundlich, verunreinigt nicht die Gewässer und Böden, verursacht keine Korrosion und stinkt nicht. EIFELLAVA bietet große Sicherheit für Weihnachtsmann und Nikolaus, da sich die bizarr geformten Körner fest mit dem Untergrund und den Weihnachtsmannstiefeln verzahnen, vergleichbar mit der »Spikeswirkung«. EIFELLAVA vermag durch seine hohe Porosität, Schmelzwasser zu binden, und verhindert die Gefahr überfrierender Nässe. Eingefüllt in einen Sack, eignet sich dieser Sack als Ballast in einem PKW als zuverlässige Anfahrhilfe und ist selbst am Winterende noch nützlich für die Auflockerung und gute Belüftung des Bodens.

5. Im Bürgerfernsehen: Ingo ließ sich schnell ein Pflaster auf seine Nase kleben und zeigte der Kamera seinen Daumen als Zeichen, dass alles wieder O.K. sei. Der Streuguttester hatte inzwischen Kerstins Frage beantwortet und schaute auf die Sternendekoration am Studiohimmel. Vier Mädchen, als Engel verkleidet, liefen hinter Ingo her und flatterten mit ihren Pappflügeln. Sie waren wieder voll auf Sendung. Passend zur Eröffnungsmusik begannen die Engel auf dem glatten Studioboden zu tanzen.

»Hallo, ihr Lieben. Hier ist wieder euer Lieblingsmoderator mit den grünen Haaren. Entschuldigt die weihnachtliche Bildstörung, aber irgendein Engelchen scheint uns nicht zu mögen. Wir haben inzwischen unseren Studiogast Gerold Kunkel kennengelernt und sind gespannt, was er uns weiterhin von seinem interessanten Beruf als Streuguttester erzählen wird. Klingelingeling, süßer die Glocken nie klingen, wir haben diesmal in der Leitung einen Anrufer aus Zürich.«

Ingo sprach Zürich wie »Zürisch« aus, als wäre das die schweizerische Aussprache des Wortes.

»Mein Name ist Freddi. Ich grüße alle Weihnachtsengel aus Zürich und der Restschweiz. Ich möchte den Streuguttester nach einem schönen Erlebnis fragen. Also einfach mal fragen, was seinen Beruf so angenehm macht.«

Die Kamera fuhr auf den Streuguttester, der in die Kamera winkte, als wäre er nur zufällig von der Kamera erfasst worden und nicht Ehrengast der Weihnachtssendung.

»Gerne«, sagte Gerold, »ich habe mich bei der Ausübung meines Berufes mal verliebt, und das ist doch das Schönste, was einem passieren kann, oder?«

Ingo lachte und schob sich mit den Engeln ins Bild. Der Streuguttester dachte noch, dass die Engel rutschige Turnschuhe anhaben und der Studioboden gefährlich glatt sei, als die Engel auch schon mitsamt dem Fernsehmoderator Ingo aus dem Bild geschliddert waren und sehr unweihnachtlich fluchend aus der Studiokulisse verschwanden. Sie rutschten wie auf einer Eislaufbahn auf den Regisseur zu, warfen ihn mitsamt seinem Kaffeebecher aus dem Regieklappstuhl und kamen erst direkt vor der völlig verduzten Aufnahmeleitung zum Stehen. »Stille Nacht allerseits«, sagte die Aufnahmeleitung, und hielt einen Stapel mit Porzellantellern, auf dem Streuselkuchen thronte, fest. Sie waren gerade noch einmal einer Massenkarambolage entkommen.

»Auf welchem Monitor ist denn unser Streuguttester zu sehen?«, fragte der mit Kaffee bekleckerte Regisseur.

»Auf der Drei«, flüsterte die Frau von der Aufnahmeleitung, und zeigte mit beiden Händen auf den Monitorbildschirm. Bautsch! Klirr, kreisch! Alle Porzellanteller fielen mitsamt dem Streuselkuchen auf den Kulissenboden, und niemand lachte.

6. Besondere Geschenke: Der Streuguttester schaute aus dem Fenster. Es war das Fenster, durch das seine Tante Hallo immer laut ihr »Hallo! Hallo!« herausgeschrien hatte. Draußen war es am Schneien. Die Sonne schien, und die Schneeflocken tanzten wie Sektperlen durch die Luft. Gerold Kunkel suchte nach einer neuartigen Mischung zum Streuen eisbedeckter Flächen. Der VDS, Verein Deutsche Salzindustrie e. V., Bonn, der Herausgeber der Merkblätter für den Unterhaltungs- und Betriebsdienst an Straßen, Ausgabe 1984 (Winterdienst außerhalb geschlossener Ortslagen) und Ausgabe 1985 (Kommunaler Winterdienst) hatte ihn angeschrieben. Der VDS wies auf die problematische Anwendung von Streusalzen bei Temperaturen unter –10 Grad Celsius hin, die Baumscheiben und begrünte und unbefestigte Flächen in Mitleidenschaft ziehen würde. Es herrschten an dem Tag Temperaturen von –10 Grad Celsius, und der Streuguttester suchte nach einer

neuen Streugutmischung, die Personen- und Sachschäden bekämpfte und trotzdem der Natur kein Dorn im Auge war. Während er noch nachdachte, begann der frischgefallene Schnee unter seinen Augen im Sonnenglanz zu glitzern und zu schmilzen. Der Streuguttester fürchtete den Abend, wo überfrierende Nässe Mensch und Tier, Christkind und Engel bedrohen würde. Obwohl diese Sorgen ihn plagten, vergaß der Streuguttester nicht die Schönheit des Augenblicks. Die Sonne schien, es fiel Schnee, und in vier Wochen war spürbar Weihnachten. Es schmückte sich alles und zeigte sich von seiner besten Seite.

Der Streuguttester schloss die Augen und spürte den Punkt auf, wohin die Sonne am direktesten schien und dadurch für ihn am wärmsten war. Es war so schön, dass er zitterte. »Oh, wie unerträglich schön es ist. Schade, dass niemand hier ist, mit dem ich diesen Augenblick teilen kann«, dachte er, als sich plötzlich etwas zwischen ihn und die Sonne schob und einen Schatten warf. Der Streuguttester öffnete die Augen. Vor ihm stand eine Mitarbeiterin des städtischen Entsorgungsdienstes und winkte. Der Streuguttester winkte zurück und war verliebt.

»Ich komme von der Weihnachtsgebäckentsorgung. Haben Sie noch altes Weihnachtsgebäck, welches Ihnen im Weg ist?«

»Was?«, fragte der Streuguttester verliebt.

Die Frau lachte und ging aus den Sonnenstrahlen, die nun wieder den Streuguttester blendeten.

»Ich sagte, dass wir heute die alten Weihnachtsplätzchen einsammeln. Viele haben noch Weihnachtsplätzchen vom vorigen Jahr und wissen nicht wohin.«

»Ich habe noch Gebäck von meiner Tante Hallo«, sagte Gerold verliebt. »Ich bringe es Ihnen. Es ist eine Wanne Vollkornnussgebäck nach einem Spezialrezept.«

Verliebt lief der Streuguttester auf den Dachboden und fand sofort die Wanne mit den Plätzchen. Verliebt lief er damit nach draußen und hielt die Wanne stolz der städtischen Beamtin entgegen.

»Kann es ein, dass Sie in mich verliebt sind?«, fragte die Frau.

»Sieht man es mir an?«, fragte verlegen der Streuguttester.

»Ja«, sagte die Frau, und stopfte die Plätzchen in den Weihnachtsgebäckentsorgungsbeutel.

»Das ist mir sehr unangenehm«, sagte verliebt der Streuguttester, »ich habe es nicht absichtlich getan. Es ist mir so passiert, und plötzlich war ich in Sie verliebt.«

Die Frau schüttelte den Kopf und lächelte: »Das ist nicht so schlimm. Ich sammle nur gerade übriggebliebene Weihnachtsplätzchen ein, da ist der Zeitpunkt nicht geschickt. Ich hätte mich lieber verliebt, wenn ich es mehr hätte genießen können. Nun kommt alles so schnell.«

Gerold trat auf sie zu. Die Sonne ging fort. Lichtwechsel. Ohne die Sonne wurde es bitterkalt. Sie konnten nun deutlich ihren Atem sehen. Beide waren still, atmeten sich gegenseitig an, und schließlich sagte Gerold:

»Es tut mir leid. Ich wollte Sie nicht überrumpeln, aber habe ich richtig gehört. Sie hegen gewisse Gefühle für mich?«

»Ich heiße Katharina«, sagte die Frau und weinte plötzlich.

»Nicht weinen«, sagte Gerold, »wir haben minus zehn Grad. Die Sonne ist fort, alles wird sofort zu Eis.«

Katharina musste lächeln beim Weinen.

»Sie machen mir Spaß. Können Sie aufhören zu weinen vor Glück, wenn Sie so glücklich sind wie ich?«

Der Streuguttester wollte sie in einem Anflug von Unbeherrschtheit umarmen, riss sie aber dabei um. Beide stürzten in die Gebäckwanne und rutschten mit ihr die spiegelglatte Hallostraße hinunter. Gerold drückte Katharina an sich, wie in einem Kanu warfen sie sich auf die Seite, um die Links- und Rechtkurven zu meistern. Der Aufprall hatte den Gebäckentsorgungsbeutel zerrissen und überall verteilte sich Tante Hallos Plätzchenmischung auf der Straße und zerbröselte auf der harten Eisdecke.

»Ich wusste nicht, dass Liebe so schön sein kann«, schrie Katharina und klammerte sich an den Streuguttester.

»Liebe ist wie ein ewiges Drehen auf einem Karussell zu lauter, wundervoller Musik«, sagte Gerold verwundert.

Immer noch sausten sie die Hallostraße hinab, bis sie unten zum Stehen kamen. Katharinas Plätzchenbeutel war leer, das alte Gebäck war über den gesamten Halloweg verteilt. Verträumt und verliebt, die Wanne über sich haltend, machten sich Gerold und Katharina an den Aufstieg. Wie verwundert waren sie, als sie ohne großes Tasten und Rutschen mühelos auf der Eisdecke voran kamen.

»Das ist ein Wunder«, schrie Katharina.

»Das ist kein Wunder«, sagte der Streuguttester. »Das sind die alten Plätzchen von meiner Tante Hallo.«

»Sag ich doch«, sagte Katharina, »es ist ein Wunder.«

»Es muss ihre Gebäckmischung sein, die das ideale Streugut abgibt«, sagte Gerold und zerbröselte ein heil gebliebenes Plätzchen zwischen den Fingern. »Es ist diese Mischung aus Salz, Nüssen, Zucker und Vollkornmehl, das uns so sicher darauf wandeln lässt.«

»Bestimmt hat deine Tante Hallo noch irgendein Spezialgewürz hineingemischt, was die Straße so rutschfest werden lässt.«

»Das bekomme ich heraus. Das Salz lässt jedenfalls den Boden auftauen, das Vollkornmehl frisst sich in die schmilzende Eisdecke, und Zucker und Nusskrümel verursachen den Spikeseffekt. Ein Wunder.«

»Sag ich doch«, sagte Katharina, und gab Gerold einen Kuss.

Später brachte der Streuguttester »Tante Hallos Weihnachtsstreugut« auf den Markt und wurde damit reich und berühmt, was ihm selbst gar nicht so wichtig schien, so verliebt wie er war.

7. Stille Nacht allerseits: Die Weihnachtssondersendung lief ohne Unterbrechung weiter. Zwei der Engel hatten umgeknickte Flügel, der Moderator Ingo vermisste seine Sonnenbrille, aber alle schienen nicht sonderlich überrascht über das Chaos zu sein , welches sie anstellten. Ein Engel stellte gerade ein Riesenstück Streuselkuchen vor den Streuguttester, als Ingo in die Kamera schrie: »Das war es schon fast wieder! Wir sind am Ende angekommen, und ab jetzt kann es nur besser werden. Wir essen hier ein großes

Stückchen Streuselkuchen und überlassen das Schlusswort unserem Studiogast Gerold Kunkel.«

Der Streuguttester schaute auf den Streuselkuchen.

»Ich liebe Streuselkuchen.«

»Dann hat unsere Aufnahmeleitung damit den Vogel abgeschossen. Aber nun ein schönes Abschlusswort, Gerold. Was wird dir die Zukunft bringen?«

Der Streuguttester aß genüsslich den Streuselkuchen und sagte mit vollem Mund: »Ich habe heute gesehen, wie glatt so ein Studioboden ist. Ich habe den Eindruck, dass das Medium Fernsehen auch von meinen Erfahrungen profitieren kann.«

Ingo lachte und kündigte unter dem Abspann ein letztes Video an: »Der Streuguttester goes Bürgerfernsehen. Das war ein gutes Schlusswort. Wir hören noch einen letzten Song. Bis bald, und überhaupt: Stille Nacht allerseits!«

Ingo lief zu Gerold, Gerold lief zu Ingo. Beide legten sich lachend und absichtlich auf die Nase. BAUTSCH! Unter dem nicht enden wollenden Abspann lief ein langweiliges Video.

8. Streuselkuchen: *»Wenn wir davon ausgehen, dass das Verb »streuen« eng verwandt ist mit dem lateinischen Begriff »struere: über-, nebeneinanderbreiten, aufschichten«, so liegen Ableitungen wie Stroh, Streu: »untergebreitetes Lager des Stallviehs« ganz nahe. Gleich bedeutend zu Streu ist auch »Streusel«, also ein aus »Butter, Zucker und Mehl zubereitetes Klümpchen zum Bestreuen von Kuchen.« Es bietet sich natürlich an, dass ein solcher Streuselkuchen nicht nur der Lieblingskuchen aller Streuguttester ist, sondern deshalb im Winter besonders gut schmeckt.«*

(Aus: »Der Streuguttester« von Gerold Kunkel, Paderborn 2000)

Über das Streicheln von Gras

Streicheln Sie mal Gras. Müssen Sie mal machen. Gras freut sich. Gras lebt. Gras vergisst nie und kitzelt ihre Handflächen.

Stehen Sie langer Lulatsch im streichelgrünen Gras und lachen Tränen. Das ist schön und gut. Kille kalle.

Gehen Sie sanft mit Ihrer Hand aufs Gras zu. Gras denkt, Sie wollen Schatten schenken. Gras denkt, Sie wollen anbändeln, protzen mit ihrer Beweglichkeit. Und dann rasch: Wuschel di buschel schnell das Gras durchgekämmt. Seien Sie schamlos Friseur und werfen Sie Scheitel.

Es gibt den »Englischen Rasen«, der wird von links nach rechts gestreichelt. Man sagt nachher »Thank you«, öffnet die Bierdose und teilt. Yeah.

Es gibt den Angeberrasen, den deutschen Einheitsrasen, der steht wie 'ne Eins und wartet auf Anweisungen. Als hätten sich alle Grashalme beim Abspielen der deutschen Nationalhymne erhoben, als stünden sie in der Schlange vor dem Postschalter und erwarten, dass nichts weiter geht. Dieser Rasen braucht die starke Hand. Streicheln Sie selbstbewusst und genießen Sie Ihre Überlegenheit.

Der »Hippierasen«, der Kraut- und Rübenrasen ist übrig geblieben aus der Zeit, wo Rasenmähen als unmännlich galt, als ekelhaft bürgerlich und total verklemmt. Er stammt noch aus der Zeit, als der Rasenmäher dauernd kaputt war und sich niemand fand, der die Sense schwingen wollte aus Respekt vor dem Tod. Das sieht man. Das Gras ist zu lang und wird nur sich selbst überlassen. Natur pur.

Der »Sternenrasen« setzt gezielt auf Wildwuchs von Löwenzahn und Gänseblümchen. Beim Schnitt werden bewusst geordnete Ansammlungen dieser Beikräuter stehengelassen, um Sternenbilder nachzustellen. Streicheln Sie mal »Sirius« oder den »Großen Bären«, der macht dabei »Brumm!«, oder waren Sie das?

Streicheln Sie mal Gras. Gras freut sich. Gras vergisst nie. Lebenslinien in Handflächen verlängern sich spürbar. Der

Dreck unter unseren Fingenägeln wird grün. Wir träumen von Umarmungen wilder Wald- und Wiesengeister. Gras verbeugt sich vor unseren Schritten. Macht Platz bei Gelagen und umschmeichelt nackte Füße wie Mokassins.

Über einen Zwerg

Ich kannte eine Frau, die war mit einem Zwerg verheiratet, wusste aber nichts davon, da sie selbst sehr klein war.

Über Rilke

Sagen Sie mal, Sie rezitieren doch Rilke. Schämen Sie sich gar nicht? Sie halten sich für was Besseres, was?

»Sein Blick ist vom Vorübergehn der Stäbe
so müd geworden, dass er nichts mehr hält.«

Diese Sportschuhwerbung: Puma oder Panter, da muss man sich entscheiden. Puma ist Puma, und Panter ist Panter. Und dann erwähnt er plötzlich die drei Stäbe, die Streifen von Adidas, unglaublich.

»Sein Blick ist vom Vorübergehn der Stäbe
so müd geworden, dass er nichts mehr hält.«

Wissen Sie, wer dabei so müd geworden ist? Ich bin dabei so müd geworden. Rezitieren Sie Rilke, und gehen dabei hin und her. Wie originell. In dieser Strophe geht es schon um ein Tier, aber um Olli Kahn. Ein Torwart, der vor lauter Adidasstreifenwerbung, wahrscheinlich eine Kritik an der Kommerzialisierung des Sportes, nichts mehr hält. Dann der Sprung:

»Der weiche Gang geschmeidig starker Schritte,
der sich im allerkleinsten Kreise dreht,
ist wie ein Tanz von Kraft um eine Mitte,
in der betäubt ein großer Wille steht.«

Und wissen Sie, was das für mich ist? Das ist Techno. Vom Torraum zum Tanzraum. Das ist für mich eine Beschreibung einer Technoparty unter Drogeneinfluss: Ecstasy. Hier geht es um Rumgehopse auf engstem Raum. Von Zuckungen bei ewig gleichen Rhythmen. Vom Betäuben des großen Willens. Das ist Techno. Da prangert Rilke Drogenmissbrauch und Dauertanzen an. Vielleicht sogar die Loveparade.

Verstehen Sie, nichts gegen Kunst, aber wenn ich Kunst sehen will, reicht mir ein gut sortierter Kunstpostkartenständer im Kiosk an der Ecke. Ich brauch keine Originale und Bilder in Übergrößen. Ich brauch keine Sammlung, mir reicht eine »Best of« Zusammenstellung. Und von den besten der »Best of« Zusammenstellungen noch eine »Best of« Zusammenstellung. Wer braucht denn das Mittelmaß, wenn er die Hits haben kann?

»Goethe spielt Flöte
auf Schiller sein Piller!«

Das ist ein Hit. In diesem Gedicht treffen sich Hingabe und Sachlichkeit. Schlichtheit und Tiefe. In diesem Gedicht treffen sich in enger Verbundenheit zwei der größten deutschen Dichterpersönlichkeiten: Flöte und Piller. Hahahaha!

Jetzt lachen Sie doch mal. Jetzt nehmen Sie nicht alles so tierisch ernst. Aber ich merke schon:

»Dann geht ein Bild hinein,
geht durch der Glieder angespannte Stille –
und hört im Herzen auf zu sein.«

Rilkes Medienkritik. Hier prangert er oberflächliche Anhäufungen von Eindrücken aus Zeitungen und Fernsehen an. Ich bin ja schon froh, dass es unsere Kultur geschafft hat, und es waren nicht die Politiker, es waren nicht die Pfaffen und Betroffenheitsdichter, es waren Menschen wie du und ich, und seien wir ruhig ehrlich, es waren eher Menschen wie ich, die es geschafft haben, den Zuckerstreuer vom Salzstreuer unterscheidbar zu machen. Nicht auszudenken, mit welchen Problemen wir uns noch rumzuschlagen hätten. Aber ich sag Ihnen was. Sie rezitieren doch Rilke, aber warum probieren Sie es nicht mal mit Comedy? Verstehen Sie, man kann auch Gitterstäbe bunt anmalen. Denken Sie mal darüber nach. Denken Sie mal darüber nach.

Über Plastik

Wir sammeln Plastiktüten, um sie wieder verwenden zu können. Wir haben im Flur auf dem Fensterbrett eine Vase stehen, in die wir keine Blumen stellen, sondern diese Plastiktüten stopfen. Fragen Sie mich bitte nicht, warum das so ist, aber es ist so und hat sich bewährt. Die Vase ist meistens bis oben mit Plastiktüten gefüllt, und trotzdem kann man diese herunterdrücken, und dann noch eine weitere Plastiktüte hineinstopfen. Einmal erlebte ich nun, dass sich die oberste dieser Plastiktüten der Geborgenheit der Vase entzog, aus ihr hervorquoll und schließlich auf dem Boden landete. Da war ich doch erstaunt. Ich machte den Versuch nochmal. Ich stopfte wieder die Plastiktüte zu den anderen Plastiktüten in die Vase, und blieb diesmal im Türrahmen der Küchentür stehen, um das Geschehen aus der Nähe zu beobachten. Es war unglaublich. Sofort begann die Plastiktüte, sich aus der Vase hervorzuarbeiten und kam so Stück für Stück nach oben. Das zusammengeknüllte Ding entspannte sich nach und nach und plumpste schließlich wie eine Lottokugel auf den Boden.

Sicher, dem Vorgang fehlte die Anmut einer sich öffnenden Blüte, das Wunder der Verwandlung der Raupe zum Schmetterling. Aber was ich dort sah, hätte ich niemals einer Plastiktüte zugetraut. Ich hatte heute morgen für sie nur 20 Cent bezahlt und dann mit ihr vier Liter Milch getragen. Ich wurde nachdenklich. Man hält doch gerade Plastiktüten für eher untergeordnete Alltagsgegenstände und vergisst schnell, dass alles unserer Aufmerksamkeit bedarf und wir Menschen wahrscheinlich für Plastik als unförmig und schwer gelten. »Plastik wirkt eigentlich nur auf ihrer höchsten Stufe«, sagte schon Goethe. Ich überlegte. Könnte es sein, dass auch Plastiktüten nicht die Enge mögen und es hassen, so langweilig artgerecht nur mit Plastiktüten untergebracht zu werden? Finden es Plastiktüten erniedrigend, selbst in einer Plastiktüte gesammelt zu werden? Ist das Geräusch, das man hört, wenn man Plastiktüten zusammenknüllt, ein Schmerzensschrei? Ich weiß es nicht. Ich weiß nur, es ist sicherlich rührend, dass der Mensch sein Plastik sammelt und ihm mit rauschenden Umzügen, die alle zwei Wochen stattfinden, einen ehrenvollen Abgang bereitet: Das Plastik ist tot, es lebe das Plastik. Aus alt mach neu. Ich war ein Pariser. Es ist halt die Frage, ob man nicht auch Plastik verstärkt mit anderen Materialien wie Papier und Stoff zusammenbringen sollte, um letztendlich daraus ein Gemisch zu gewinnen, das zuversichtlicher in die Zukunft weist, als das unglückliche Plastik? Ich weiß es nicht. Ich weiß nur, wir müssen über solche Dinge nachdenken, damit es nicht irgendwann das große Durcheinander gibt und uns dann die unzerreißbaren Tüten fehlen, in denen wir es einsammeln und einsortieren können.

Über Hochwasser

Grundätzliches: Mit Hochwasser ist nicht zu spaßen. Selten überrascht einen etwas mehr, als das Hochwasser. Hochwasser kommt aus heiterem Himmel, überflutet Keller und hinterlässt Schimmel.

Ich sah gestandene Menschen im Schlafanzug mit einem Schirm auf dem Dach sitzen, die herbeigeorderten Hubschraubern zuwinkten. Es ist wichtig, dass wir schon bei der Auswahl des Schlafanzuges daran denken, dass man vielleicht in diesem gefilmt und von Millionen von Menschen gesehen wird. Es ist paradox, dass gerade die wichtigen Hochwasserwegschüttkellen im Keller gelagert werden und man erst das Hochwasser mit Hochwasserwegschütteimern verbannt haben muss, um an diese Hochwasserwegschüttkellen zu gelangen.

Erstens: Hochwassergefährdete Menschen sollten nie ihr Haus verlassen, ohne sich ihre Hochwasserstiefel angezogen zu haben. Hochwasserstiefel sind beruhigendes Schuhwerk, das man bei Hochwassereinbruch selbst kaum sieht, da es im Hochwasseruntergrund Füße und Waden trocken hält. Hochwasserstiefel sind Trockenstationen, Bollwerke bei einfallenden Fluten, und günstig als Zehnerpack im Hochwasserbedarfstudio zu erstehen.

Zweitens: Über den Hochwasserstiefeln trägt man Hochwasserhosen. Hochwasserhosen würden die Waden frei legen, wenn man nicht darüber Hochwasserstiefel tragen würde. Natürlich sind hochgekrempelte Hosen keine Hochwasserhosen, sondern einfach nur hochgekrempelte Hosen, die vom Hochwasser überrascht worden sind. Hochwasserhosen lassen den Träger jünger und zarter erscheinen, als er in Wirklichkeit ist. Von diesem Eindruck sollte man wissen, da Kinder und Frauen bei ansteigendem Hochwasser bevorzugt behandelt und als Erste von Dach und Baum gerettet werden.

Drittens: Der Hochwasserhut ist eine bewusste Kreuzung aus Hut und Schirm. Die Hutkrempe ist also ein weit

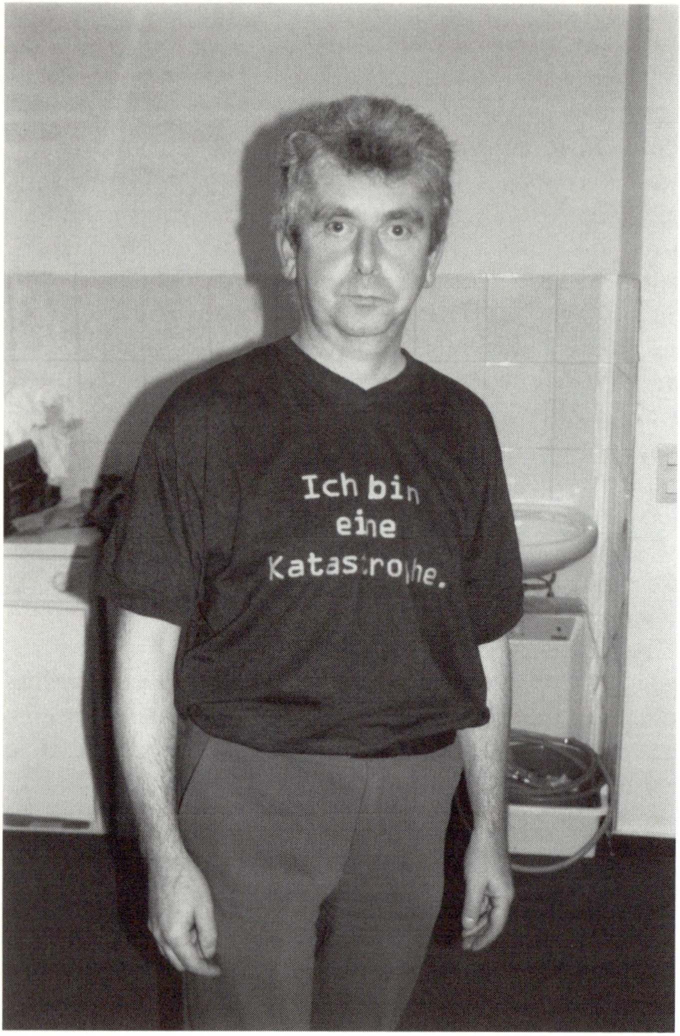
Ich bin
eine
Katastrophe.

über das Gesicht heraus ragender Schutz, der übrigens auch in hochwasserarmen Tagen Schutz vor Regen und Sonne bieten kann. Mit dem Hochwasserhut grüßt man nicht, er sollte aber so beschaffen sein, dass er auch anderen vom Hochwasser überraschten Zeitgenossen Schutz und Heimat bietet.

Viertens: Hochwasserhandschuhe sind wasserabweisend und mit reißfesten Stricken versehen. Hochwasserhandschuhe schützen vor Nässe und sind oft letzte Rettungsanker von vorbeitreibenden Nachbarn. Mit Hilfe der Hochwasserhandschuhstricke zieht man in Not geratene Menschen zu sich und bindet sich fröhliche Dicke wie einen Rettungsring um den Bauch. Der Sinn liegt auf der Hand, man rettet, um gerettet zu werden, und nur der Egoismus schützt vor dem Untergang.

Fünftens: Steigendes und sinkendes Hochwasser macht müde und traurig. Zum Glück gibt es Hochwasserlieder, die aufmuntern und vom Hochwasser Gelangweilten die Zeit vertreiben:

»Ich sitze hier auf meinem Dach
und seufze manchmal einfach, Ach,
säß hier noch meine Ehefrau,
wir spielten Karten, auch Mau Mau.
Und nun alle!«

für die Ausdrucktänzerin Birgit Aßhoff

Über Parallelkombinationen

1. Parallelsäuberungen

Mein Bruder reinigt beim Baden schon die Badewanne. Mensch in Badewanne und Badewanne um Mensch kommen dabei gleichzeitig zu einem Reinigungshöhepunkt. Es erinnert an die Schlange, die sich als Henkersmahlzeit selbst auffrisst, oder?

2. Parallelentscheidungen

Warum gibt es keine Zigaretten, die auf Wunsch von selbst ausgehen? Es ist doch eine Zumutung für einen Raucher, seine eigene Zigarette im Aschenbecher ausdrücken zu müssen. Der Nichraucher könnte zum Beispiel die Zigarette des Rauchers ausdrücken, und sich dabei in Demut üben. Dies wäre eine Parallelentscheidung, die allen nützt und keinen zu kurz kommen lässt, außer vielleicht die Zigarette.

3. Parallelgegensätze

Wenn die Ehefrau von Beruf Ehebrecherin ist, kann das eine Ehe schon sehr belasten. Auch wenn der Mann von Beruf Eheberater ist, und dies schon seine fünfte Ehe wäre, bleibt ein Restrisiko. Die Ehe ist keine Selbsthilfegruppe, sondern ein Ausnahmezustand.

4. Parallelnutzungen

Meine Zahnbürste sieht aus wie ein Raumschiff. Es ist das erste Mal in der Geschichte der Zahnmedizin, dass es gut aussieht, wenn man sich die Zähne putzt. Meine Zahnbürste hat dabei ein Gewicht von 20 Kilogramm, so dass ich den ganzen Putzvorgang auch noch als Muskeltraining nutzen kann.

5. Parallelblicke

Können Unsichtbare Unsichtbare sehen?

6. Parallelendungen

»Ich bin erstaunt, wie bitter die Sonne schmeckt«, sagte der Sonnenablecker.

»Versteck Dich besser. Ich komme gleich«, sagte der Menschenaufwecker.

Über Weissagungen

Ich durfte mal einem Chinesen aus der Hand lesen, habe aber kein Wort davon verstanden. Mir prophezeite mal eine Wahrsagerin einen schweren Verlust, und dann war mein Goldring verschwunden und sie auch. Ich konnte mal einem Bekannten voraussagen, dass seine Frau ihn verlassen würde, aber auch nur, weil ich was mit ihr hatte. Mir hat mal eine Wahrsagerin nach einem Blick auf meine Hände gesagt, dass ich das falsche Spülmittel benutzen würde. Alle Achtung, die Wahrheit kann sehr furchtbar sein. Aber mal im Ernst: Ich könnte einem Osterhasen niemals böse sein, zumal ich gar nicht glaube, dass es ihn gibt.

Über Kamerafahrten – Ein Hin und Her

1 Ich heiße Horst und bin Kameramann. Ich stehe voll dahinter. Schon als Kind stand ich gerne hinter Gegenständen. Andere schaukelten auf der Schaukel. Ich stand dahinter und schubste sie an.

Beim Seifenkistenrennen schob ich die Seifenkisten an. Ich war Paukist im Schulorchester. So schritt ich in die Welt, verborgen hinter meinem dröhnenden Neun-Monate-Bauch.

Ich war ein begehrter Autoanschieber, wenn nach einer durchzechten Winternacht der Motor nicht so rollte wie er sollte. Ich schob schon immer gerne Einkaufswagen vor mir her, einmal sogar meine Mutter kreischend in die Geisterbahn, dort wurde sie erst gar nicht entdeckt. Ich stehe gerne hinter Gegenständen. Ich stehe dazu.

Ich durfte meine Eltern nie nackt sehen. Ich mache mir gern ein Bild von den Menschen. Beim Versteckenspielen musste ich suchen. Ich blinzelte beim Zählen. Ich weiß gerne genau, was um mich herum passiert, so bohrte ich schon als Kind Löcher in Umkleidekabinen und schaute hindurch. Dies weckte mein Interesse.

2 Ohne Kamera sage ich gar nichts mehr. Unterhalten Sie sich noch, ohne dabei gefilmt zu werden? Ohne meine Kamera sage ich gar nichts mehr. Ich werde abgefilmt, also bin ich. Wissen Sie, ohne Kamera komme ich gar nicht in Fahrt. Erst wenn ich abgefilmt werde, spüre ich ein Interesse an meiner Existenz. Erst beim Abgefilmt-Werden reizt es mich, ausführlich zu werden und gewitzt.

Ich weiß doch, was ich der Nachwelt schuldig bin. Ich meine, nichts gegen die Vergänglichkeit, aber die Kamera macht uns unsterblich, und lässt uns ewig leben. So eine Tatsache verpflichtet doch. Verplempern wir doch keine Zeit im nichtöffentlichen Bereich. Reden wir doch gleich Tacheles. Reden wir doch gleich so, als würden uns Millionen zuhören. Reden wir doch gleich so, wie uns der Schnabel gewachsen ist.

1 Zum Glück leben wir wieder in einer Zeit, in der man sich zuhören möchte. Ich sage gerade, zum Glück leben wir wieder in einer Zeit, in der man sich zuhören möchte. Ich sage gerade, zum Glück leben wir wieder in einer Zeit, in der man sich zuhören möchte …

2 Wer ist denn das dort auf dem Monitor? Das bin ja ich. Wie sehe ich denn aus? Ich sehe ja aus wie aufgepumpt. Die Kamera ist doch viel zu nah an mir dran. Ich weiß doch, wie ich dann wirke. Das ist doch nicht meine Nase, das sind die Externsteine. Es ist doch eine Zumutung, sich selbst so direkt im Monitor sehen zu können. Ich weiß doch, wie ich dann wirke. Ich brauche mir da gar nichts mehr vorzumachen. Ich meine, wenn ich wenigstens Romy Schneider wäre, aber ich bin nicht Romy Schneider, auch wenn ich manchmal so tue. Und bloß keinen Kamm in meinem Haar, schon genug System …

1 und 2 Sie haben an der Kamera wieder diesen Tatterich eingesetzt; diesen Trampolinidioten, diesen Turnvater Jahn, diesen Teutoburger Waldemar, der immer so tut, als wäre er gerade Bahn gefahren.

1 Neulich sah ich in meinem Lieblingscafé einen Prominenten, der saß dort und trank einen Kaffee. Sofort fragte ich mich: »Was macht der in meiner Wirklichkeit? Den hast du doch gestern im Fernsehn gesehen, da trug er eine Perücke und knutschte herum.« Und dann war es gar nicht jener prominente Schauspieler, sondern nur irgendsoein Normalo, der ihm sehr ähnlich sah. Ich erkannte es daran, dass er während des Essens zur Toilette eilte und beim Beschweren genauso unfreundlich behandelt wurde wie wir.

Warum sehen prominente Fernsehstars nie so aus, wie die Kameramänner, die sie abfilmen? Warum sehen selbst prominente Kameramänner nicht so aus, wie die Kameramänner, die sie abfilmen? Liegt es am Licht? Oder fehlt uns im wahren Leben die richtige Einstellung?

2 Ohne Kamera läuft bei mir gar nichts mehr. Die Kamera erweckt mich zum Leben. Verstehen Sie? Ich bekomme durch sie automatisch ein Fernsehface, eine Gesichtsmaske, eine Talkshowfresse. Inzwischen bin ich ohne Anwesenheit einer Kamera richtig gehemmt. Ich weiß dann manchmal gar nicht, was ich sagen soll. Das Leben erscheint mir so sinnlos, wenn ich es nicht im Fernsehen betrachten kann, mit mir als Hauptdarsteller, und ich erzähle so etwas Schönes wie: »Guten Abend, guten Abend«, oder »Danke für diesen herzlichen Empfang«, oder irgendwelche Sätze halt, die dem Leben einen Sinn geben, die für sich stehen, wie die zehn Gebote, das Grundgesetz, wie ein Oscardrehbuch.

Ohne Kamera läuft bei mir gar nichts mehr. Auch in der Liebe. Kürzlich bekam ich sogar ein Angebot für die weltweite Nutzung meiner Liebesnächte. Es inspiriert mich die Vorstellung, auf der Straße von Wildfremden erkannt zu werden. »Sagen Sie mal, warum lassen Sie denn im Bett die Strümpfe an?« Nun küsse ich nicht nur, sondern achte auch darauf, wie es aussieht. Selbst das mühevolle Vorspiel sehe ich vor allen Dingen unter visuellen Aspekten. Man hat ja einen Ruf zu verlieren. Meine Frau geht vorher immer zum Friseur, ich kaufte mir erstmals eine Lederunterhose. Wir haben das Gefühl, wir dokumentieren durch diese Aufnahmen »Romantik im beginnenden 21. Jahrhundert«. Wir lachen nun immer dabei. Das kommt einfach ganz gut im Bild und macht alles viel menschlicher.

Leider war meine Frau immer mehr von den Werbeeinblendungen überfordert, zumal es echt hart zur Sache ging, so mit Zahnfleischbluten und dicken Kröpfen von Wellensittichen und so … Es wurde dann regelrecht peinlich. Wir haben zum Schluss sogar Gedichte vorgelesen. Irgendwas von Rilke. Es war so fürchterlich. Wir haben uns so geschämt. Wir konnten uns danach doch nirgendwo mehr sehen lassen. Rilke. Wie kann man nur so tief sinken? »Denn das

Schöne ist nichts als des Schrecklichen Anfang, den wir gerade noch ertragen.«

1 Warum sehen Schauspieler nicht so aus, wie die Regisseure, die sie engagieren?

2 Sie sehen nicht so aus wie die Regisseure, die sie engagieren, aber sie könnten sie spielen.

1 Kürzlich filmte ein Kameramann einen anderen Kameramann bei der Arbeit, der gerade einen Film machte über seinen Kollegen. Das war ein Wiedersehen.

2 In allen Familien sollte es selbstverständlich sein, dass das dritte Kind »Horst« heißt und Kameramann wird.

1 Kameramänner können nicht mehr lachen. Sie haben alle Scherze dieser Welt gefilmt. Kameramänner können auch nicht mehr weinen. Das Abfilmen des Schmerzes hat sie stumpf gemacht. Manchmal, beim Abfilmen einer schönen Frau, erwacht das alte Interesse in ihnen und sie erinnern sich: Da war doch noch was …

2 Kameramänner haben alles gesehen, was ein Menschenleben einmal im Leben gesehen haben sollte. Sie haben auch das gesehen, was ein Menschenleben einmal im Leben nicht gesehen haben sollte:
Die Riesenbrüste von Dolly Buster,
den Hund von Robert Lembke,
die Mundharmonika von Bernd Clüver,
das Loch im Schuh vom Camelmann.

1 Kameramänner haben keine Freunde und binden sich nicht an Frauen, die »nur mal kurz durchgucken wollen«. Ihre einzige große Liebe in ihrem Leben ist die Kamera: »Sag einfach Horst zu mir«.

2 Nachts sitzen sie in ihren völlig abgedunkelten Wohnzimmern und fragen sich, ob das, was man nicht sehen kann, trotzdem existiert.

1 Dann drücken sie auf den Selbstauslöser ihrer Handkamera und erscheinen für Sekunden auf dem Bildschirm ihres transportablen Fernsehers …

2 Dann wissen sie, dass sie existieren können, wenn sie es nur wollen und fühlen sich ein wenig wie Gott.

1 Die größte Liebe im Leben hat oft mit Entfernung zu tun. Ich sage nur »Gott«. Stell dir vor, der wäre ewig um dich herum und gäbe zu allem seinen Senf dazu ...

2 Welche Schärfe brauchen wir, um Gott ablichten zu können?

1 Red keinen Quatsch mit Soße – film'!

(2 steigt schnell in Inline-Skates und ballt die Fäuste zu einer Linse. 1 schiebt ihn vor sich hin und her wie eine Kamera)

2 Ich sehe was, was du nicht siehst und das ist rot ...

1 Rot?

2 Es ist rot und zuckt ...

1 Eine Herzoperation. Ich gehe näher ran.

2 Ich sehe was, was du nicht siehst und das ist lila ...

1 Eine Blume? Eine Ader? Eine Aubergine?

2 Es ist lila und frisst Gras ...

1 Eine Kuh? Ich fahr drauf zu.

2 Ich sehe was, was du nicht siehst und das ist blau ...

1 Die Erde? Das Meer? Die Augen von unserem Regisseur?

2 Es ist blau und hält sich eine Pistole an die Stirn ...

1 Ahh. Es ist die Hoffnung auf ein besseres Fernsehprogramm. Ich schalte ab.

2 Gestochen scharfe Bilder.
Vom Überblick besessen,
schießt sie herab wie ein Adler
zur Nahaufnahme.
Nichts bleibt mir verborgen,
nichts entgeht meinem Zugriff,
nie mehr allein ist der Mensch
hilfreich und gut.

Über das Wasserlassen in Öffentlichkeit und dafür vorgesehenen Räumen

Zum Wasserlassen sagt man auch Pinkeln, was sowohl die Tätigkeit als auch deren Klang beschreibt. In akademischen Kreisen, bei feinen Pinkeln also, bevorzugt man lieber das Wort urinieren, aber urinieren tut man mit dem Kopf, pinkeln nicht.

Viele sagen, niemand muss müssen, ich aber sage, wer muss, der muss. Ich kann mich noch an Zeiten erinnern, da waren die Raststättentoiletten sauber und deren Nutzung umsonst.

Wer sich gehen lässt, sollte immer ein Ziel vor Augen haben, sonst trifft er es nicht. Ein grobes Anvisieren der Toilettenschüssel reicht nicht aus. Toilettensteine erleichtern die Orientierung und schäumen auf beim Einschlag. Es ist immer schön, wenn es unter einem brodelt, da weiß man doch, dass man lebt. Letztendlich ist Treffsicherheit aber nicht eine Frage des Könnens, sondern des Charakters.

Haben Sie schon mal einen schwarz gewordenen Rotkohlsalat im Klo fortgespült? Müssen Sie mal machen. Allein das Geräusch und nachher ist das Wasser ganz ganz blau, richtig blau und wenn man will sogar grün. Ja, blau und gelb ergibt halt zusammen grün. Ich meine, das ist doch auch schön, dass man das, was man in der Schule gelernt hat, im tatsächlichen Leben so nah erfahren darf. Eine Gnade ist das.

Ich kannte einen Mann, der hatte mal beim Wasserlassen alles Mögliche im Kopf, nur nicht das Wasserlassen. Kein Wunder, dass alles daneben ging, was daneben gehen konnte: Hilfe! Mann über Bord! Rette sich wer kann! Land unter! Kein Wunder, dass schließlich die Feuerwehr anrücken musste, um den Keller auszupumpen. Schnorcheltaucher durchforsteten in Spezialurinalanzügen die Wassermassen auf der Suche nach Überlebenden und Wertgegenständen. Kann man Wassermassen durchforsten? Ein U-Boot wurde in der Zeit an normale Schaulustige und

Presseleute vermietet, die sowohl die Schaulustigen beim Schaulustigen als auch das beklagenswerte Opfer beim beklagenswerten Opfern fotografierten.

Es ist interessant, dass man auf Jungentoiletten in Kindergärten und Schule schon auf eine Trennung von im Stehen zu verrichtenden Aufgaben und im Sitzen zu verrichtenden Aufgaben besteht. Viele Privathaushalte setzen die Verschmelzung dieser zwei auch unabhängig voneinander zu vollziehenden Tätigkeiten voraus. Sie stellen für diese beiden Aktionen oft nur eine Sitztoilette und fördern damit deren Missbrauch. Der Wunsch, im Stehen zu pinkeln, liegt am natürlich Instinkt des Mannes, überall und schnell die Flucht ergreifen zu können, und sei es vor dem Toilettensäubern. Natürlich würde der Mann lieber in der freien und wilden Natur sein Geschäft verrichten, wenn es sie noch gäbe. Die freie und wilde Natur ist ein stinkendes Männerklo mit Schimmelpilzen und fehlendem Klopapier. Verdreckte Wände, einprägsame Botschaften und eindeutige Zeichnungen machen den Aufenthalt auf einer Toilette zu einer Reise in die Steinzeit, zu einem Beisammensein unter Höhlenmenschen. »Wenn man beim Pinkeln nicht mehr furzen darf, ist doch alles Scheiße.« Ich weiß.

Ich pinkele oft erst im letzten Augenblick. Ich muss mir ganz sicher sein, das ich was zu bieten habe. Ein peinliches Nichtstun, zwischen sich gehen lassenden Geschlechtsgenossen ist das Letzte, was ich gebrauchen kann. Stellen Sie sich diese Stille vor. Diese Stille zwischen dem gesamten Rauschen, wie die Pause zwischen zwei Musikstücken einer Hard-Rockband. Wie die Angst, im Kofferraum eines Autos aufzuwachen, auf dem Grund des Meeres, und du stösst den Kofferraum zwar mit den Beinen auf, aber nicht den Jutesack, in dem du gerade gefesselt und geknebelt als Entführungsopfer liegst. Eingepackt wie ein Christokunstwerk, gesichert durch ein Schloss mit einem Zahlencode, das der Entführer mit den Geburtsdaten deiner Frau gefüttert hat, und du weißt natürlich nicht das Datum ihres Geburtstages und du hättest ihn auch dieses Jahr vergessen, wenn nicht, wie du nun denkst, ein glücklicher Umstand, ein gütiger Gott, dich weit weg von ihrem eingeschnappten Gesicht und diesem traurigen Schulterzucken entführt hätte, an diesen stillen Ort, wo die Welt noch in Ordnung ist und der Mensch unbehelligt im Stehen die Toilettenblume gießen darf. Sagen wir es einmal, wie es ist. Vor dem Sitzklo im Stehen zu pinkeln ist genauso wie auf der Rolltreppe zu laufen. Es ist eine Provokation. Ein nicht Annehmen von Errungenschaften, die unser Zusammenleben erleichtern sollen. Natürlich ist es auch für den Mann wichtig, gerade nach dem Genuss von mehreren Flaschen Bier eine Messlatte (entschuldigen Sie eine Zweideutigkeit, die im Grunde nicht beabsichtigt war und sich einfach in diesen Zusammenhang drängte) für seine Kommunikationstauglichkeit in den Händen zu halten. Pinkelt er im Stehen und trifft ins Herz, steht dem Genuss von weiteren Alkoholika nichts im Wege. Pinkelt er im Stehen und verfehlt sein Ziel, ist es an der Zeit zu gehen und seine Duftmarken woanders zu hinterlassen, und sei es in einer Ausnüchterungszelle. Nein, nein, nein. Es gibt eine Gesetzmäßigkeit, die unser Zusammenleben erleichtern könnte. Man respektiert den Wunsch derer, die das Klo sauber machen müssen. Wer das Klo sauber macht, darf bestimmen wovon.

Ich stand einmal gemeinsam mit der A-Mannschaft von Hertha BSC auf einer riesigen Hoteltoilette in Berlin. Wir fingen gemeinsam an, unser Geschäft zu verrichten, bis nach und nach, einer nach dem anderen, sich geschlagen gab und das WC verließ. Am Schluss stand ich schließlich noch alleine vor meinem Urinal und dachte, dieser Punkt geht nach Paderborn. Man soll uns Ostwestfalen nicht unterschätzen. Das sind Triumphe.

Über die Erschließung des Weltraums

Manche brauchen den Weltraum, um träumen zu können, mir reicht ein Kaffeefleck auf einer Tischdecke, der aussieht wie ein Stern. Wenn die Teflon beschichtete Bratpfanne ein Abfallprodukt der Weltraumforschung ist, dann wird die in den Weltraum startende Rakete wahrscheinlich nur entwickelt worden sein, weil es der Mensch nicht mehr in seinem Zimmer aushielt. Ich half mal einem Freund bei einem Umzug, der sich während der Fahrt in sein neues Domizil eine Tüte Milch über seine Lederjacke schüttete. Als ich ihn darauf hinwies, dass ich mir so die Milchstraße vorstellen würde, schrie er: »Außerhalb der Sonnenatmosphäre gibt es im ganzen interplanetaren Raum weder Gas noch ein materielles Medium, das Schallwellen transportieren könnte. Es ist die Leere, die dem Universum eine tiefe kosmische Stille verleiht. Science-fiction-Filme in denen es ballert und knallert sind darum genauso absurd wie ein Aquarium, in dem eine Katzenparty stattfindet.«

Ich verstand überhaupt nicht, was mein Kumpel sagen wollte und war sowieso schon genervt, dass ich in diesem Müllauto saß und mir zwischen den Beinen ein Globus herumhing, für den hinten kein Platz mehr war, weil dort irgendwelche alten Kisten mit Haushaltsgeräten verstaut worden waren. Die gleiche Leere, die dem Kosmos seine tiefe kosmische Ruhe verlieh, wünschte ich mir auch hier im Auto meines Freundes. Wissen Sie, ich war mal Hausmeister vom »Universum« gewesen, ich weiß, wovon ich rede. »Universum« hieß mal ein Kino in Paderborn, in dem ich eine Zeit lang als Hausmeister tätig war, bis mir schließlich die Arbeit zuviel wurde. Als ich meinem Freund davon erzählte, lachte er nur unbeeindruckt, als wäre ich Atlas und trüge die Welt auf meinen Schultern, und dabei hatte ich dorthin nur den Globus geklemmt, um meine Beine ausstrecken zu können

»Bei dem Staubschleier auf der Kugel handelt es sich um ständig herabrieselnden Weltraumstaub. Er stammt von jährlich zehn Billionen Meteoriten, die in der Atmosphäre verglühen und als Staub auf die Erde schneien.«

Ich glaubte meinen Ohren kaum zu trauen. Mein Freund erzählte und erzählte von der Bedrohung durch ständig herabrieselnden Weltraumstaub und bedrohte mich dabei tatsächlich so durch seine feuchte Aussprache, dass ich mich abwenden musste. In dem Augenblick entdeckte ich hinten im Auto eine Bratpfanne, die ich schon seit Jahren vermisst hatte, obwohl er dies immer bestritt. Mein Freund erzählte weiter: »Die Erde wird immer schwerer. In einem Jahr fallen rund 1500 Meteoriten auf die Erde. Nimmt man alle Meteoritenmassen zusammen, erhält unsere Erde einen jährlichen Zuwachs von einer Million Tonnen.«

Ich war sauer. Mein Freund hatte inzwischen die Stadt gefunden, in der er mal wohnen wollte. Nun suchte er dazu noch die Straße und das Haus, in dem er mal wohnen wollte. Ich wollte meine Bratpfanne wieder haben. Nach dem Wohnen in mehreren WGs hatte ich mir bestimmt schon sieben Bratpfannen kaufen müssen und möchte nicht wissen, wie viele geliehene und nicht zurückgegebene Bratpfannen unseren armen Planeten zur Zeit ebenfalls beschwerten.

»Die berühmteste Supernova unserer Zeit, SN 1987A, explodierte in der großen Magellan'schen Wolke, die eine der nächsten Nachbarn der Milchstraße ist. Das Ereignis wäre selbst für dich monatelang zu erkennen gewesen. Es war ein vollkommener Spaß, der uns pro Jahrtausend nur drei- bis viermal geboten wird.«

Mein Freund erzählte und erzählte. Ich dachte daran, dass dies schon mein dritter Umzug mit ihm war, und ich hoffte, dass mir dieser vollkommene Spaß in diesem Jahrtausend nicht noch einmal passieren würde. Mein Freund irrte weiterhin in der fremden Stadt umher und suchte sein neues Zuhause. Dort sollte auch schon seine Mutter mit einer Erbsensuppe auf uns warten und beim Auspacken helfen. Ich hasse diese Umzüge, wo nur neben dem, der umzieht, seine alte Mutter und ich mit anpacken werden. Ich frage mich langsam, wie es mein Freund geschafft hat, neben mir keinen anderen Freund zu haben. Wenn ich mich richtig erinnere, könnte dies auch an der Erbsensuppe seiner Mutter liegen.

Mein Freund schaute, anstatt seine neue Adresse ausfindig zu machen, unbeirrt in den Abendhimmel: » Bei den astronomischen Größenklassen der Helligkeit handelt es sich einfach um eine invertierte, komprimierte logarithmische Magnituden-Skala, die darauf basiert, dass der Helligkeitsunterschied zwischen zwei Sternen gleich der fünften Wurzel aus einhundert ist.«

Ich gab es auf. Ich wollte das alles nicht wissen. Ich wollte nach Hause und einfach diese Fahrt mit meinem außerirdischen Freund vergessen. Ich dachte daran, dass das Universum unendlich war und sich als ein unendliches Gesprächsthema unendlich lange hinziehen ließ. Ich fühlte mich allein in diesem Weltenraum, entführt zu irgendeinem Planeten, auf dem es morgens früh keine frischen Brötchen und abends keine Erbsensuppe geben sollte. Ich schloss die Augen und mir fiel auf, dass ich nicht die Ohren schließen konnte. Welch ein Schöpfungsfehler.

Ich sag Ihnen was. Für mich ist die Erschließung des Weltraums nichts weiter als ein Ausdruck einer übergroßen Orientierungslosigkeit. Als hätte der Mensch schon überall seine Finger drin gehabt und entdeckte plötzlich das Nasenloch. Sagen wir es doch mal so: Ich lasse mir doch nicht von jemandem den Aufbau des Weltraums erklären, der nicht mal in der Lage ist, seine eigene Wohnung zu finden? Ich hatte den Eindruck, neben einem großen schwarzen Loch zu sitzen, das drauf und dran war, mich zu schlucken.

Am Ende dieses Abends umarmte mich mein Freund sehr umständlich und sehr lange, als wollte er so seine immer noch von Milch beschmierte Lederjacke reinigen. Wir hatten den Umzug noch mit Hilfe seiner Mutter über die Bühne gekriegt, die uns irgendwann auf ihrem Handy erreicht hatte und so den Weg zur neuen Wohnung exakt durchgeben konnte. Mein Freund hatte mich zum Bahnhof gebracht und sagte zum Abschied, dass er sich schon lange nicht mehr so gut unterhalten hätte wie mit mir.

Als ich losfuhr sagte der Schaffner zu mir: » Eine wunderschöne Nacht ist das heute.«

Und da hatte er Recht. Ich liebe die Poesie der Sterne, die Farben des Himmels und kann von allem träumen als ein Dach, das mich behütet und beleuchtet. Im Grunde ist das alles, was ich über mein Universum wissen will. Ausbreiten kann ich mich auch allein, und sei es in meinem großen Bett. Ich schlief dann irgendwann ein und träumte von meiner Teflon beschichteten Bratpfanne, und dass ich sie für immer verloren hätte in den unendlichen Weiten des Universums.

für Rolo Kröger

Über die Hölle

Nicht die bösen Menschen kommen in die Hölle, sondern die dummen.

Über den heiligen Christopherus

In meinem Auto liegt der heilige Christopherus auf der Ablage über dem Airbag. Ich habe diese Plakette von meinen Eltern geschenkt bekommen. Sie wollten, dass ich auf meinen Reisen besser beschützt bin. Mein Bruder hatte diese Plakette beim Goldschmied Cassau im Auftrag meiner Eltern anfertigen lassen. Als Motiv ziert sie der heilige Christopherus mit dem Jesuskind auf den Schultern. Ich freute mich sehr über dieses Geschenk, weil ich dahinter eine gewisse Sorge um mein Wohlergehen entdeckte. Ich beschloss trotzdem, den heiligen Christopherus nicht zu überfordern und selbst umsichtiger und vorsichtiger am Straßenverkehr teilzunehmen. Ich klebte dazu unterstützend die Plakette auf den Autoaschenbecher und fand die Stelle auch nicht pietätslos, weil in meinem Auto nicht geraucht werden darf. Es war außerdem eine der wenigen freien Stellen, die nicht von Knöpfen oder Schaltern in Beschlag genommen wurde. Der Autoaschenbecher war in der Mitte des Wagens angebracht und lag direkt in meinem Blickfeld. Wie überrascht war ich, als ich feststellte, dass die Plakete dort nicht haften wollte. Vertrug sie nicht die Wärme durch einfallende Sonnenstrahlen oder lag es an der nicht ausreichenden Klebegrundierung? Auf jeden Fall rutschte der heilige Christopherus von dem Aschenbecher ab und versteckte sich unterm Beifahrersitz. Sooft ich den heiligen Christopherus auch wieder anklebte, er machte sich frei und rutschte, wie von höheren Mächten geleitet, erneut auf den Boden. Ich wusste, dass der heilige Christopherus in der katholischen Kirche als Schutzpatron der Autofahrer nicht anerkannt war, aber deswegen lässt man einen Volksheiligen nicht fallen und stellt ihn bloß vor dem Blinker. Ich dachte auch, wie erkläre ich meinen Eltern, dass ihr heiliger Christopherus, den sie mir extra als schützenden Begleiter zur Seite gestellt hatten, nicht mal in der Lage war, sich selbst zu beschützen und sich dauernd aus dem Staub machte?

Ich musste handeln. Ich musste dem heiligen Christopherus einen Platz in meinem Auto zuweisen, wo er sich als Beschützer der Autofahrer bewähren konnte. Ein Zufall half mir aus dieser Glaubenskrise.

Da ich es zu umständlich fand, den heiligen Christopherus immer zwischen Aschenbecher und Autoboden hin und her zu bewegen, legte ich ihn irgendwann einfach auf die Ablage über dem Airbag. Dann passierte etwas, wo sich der Lieblingsheilige meiner Mutter mutig als Schutzheiliger präsentierte: Als ich einmal unvorsichtigerweise eine Kurve zu schnell und zu schnittig nahm, rutschte der Autofahrerpatron von der linken in die rechte Ecke der Ablage, und fiel dann herunter. Ich hatte verstanden. Der heilige Christopherus hatte mir gezeigt, dass man so keine Kurve nehmen sollte und hatte sich statt meiner in den Abgrund gestürzt. Die Warnung war eindeutig. Auch mir konnte ein solcher Unfall passieren, falls ich mal wieder zu leichtsinnig die Kurven nehmen sollte.

Der heilige Christopherus liegt seitdem auf der Ablage über dem Airbag. Er schützt mich konkret durch sein Verhalten. Sollte er sich bei meinem Fahrverhalten deutlich von der Stelle bewegen, reduziere ich sofort mein Tempo. Wer Jesus über einen Fluss trug, den nimmt man auch als Kopiloten ernst. Die Wirkung von Heiligen kann auch heute noch nachvollziehbar sein. Wenn wir sie an unserem Leben teilnehmen lassen, sind wir mit unseren Entscheidungen nicht mehr allein. Kleben wir die Heiligen nicht an die Wände, hängen wir sie nicht an die Innenspiegel, lassen wir sie nahe und beweglich sein, damit uns ihr Beispiel Ratgeber und Vorbild ist.

Über das Öhm

Das Öhm ist als Überbrücker von Öhm-Pausen ungeeignet, weil es Öhm hörbar macht, dass einem Öhm in diesem Pausen nichts anderes einfällt als ein Öhm. Würden Sie unser Land von jemanden regieren lassen, der Öhm anstatt einer Pause macht und denkt, wir merken nicht, dass er nun Öhm über unser Schicksal nachdenkt? Ein junger Tennisspieler kann soviel Öhm machen wie er will, so lange er es nicht beim Öhm Tennisspielen macht und sich dadurch alles so hinzieht wie beim Seniorenschach.

Manche schaffen es, das Öhm durch dauernde Lachanfälle zu ersetzen, was auf Dauer leicht albern wirkt. Jemand, der früher Öhm machte und plötzlich stattdessen viel lacht, verwundert dadurch seine Zuhörer, wenn er ansonsten total humorlos Öhm geblieben ist. Man kann dauerndes »Rot-Werden« auch nicht dadurch kaschieren, indem man nur schmutzige Witze erzählt. Wenn die, die darauf achten müssen, was sie sagen, dies dadurch lösen, indem sie nichts mehr sagen, kann ein Öhm wenigstens Hoffnung lassen, dass nur die Batterien des Redners leer sind. Ein Öhm wirkt viel menschlicher, wenn man dabei einen Trachtenanzug trägt. Man kann ein Öhm auch genießen, wenn danach ein wohl gesetztes Wort wie »Fleischklößchen« kommt. »Öhm, Fleischklößchen«. Wer oft Öhm sagt, sollte danach immer etwas Positives setzen. So steigert das Öhm die Vorfreude auf den Abschluss des Satzes und nervt nicht mehr die Zuhörenden. Ein Öhm zeichnet den Wortakrobaten aus, der vor dem Absprung über den Fluss noch einmal die Liane prüft. Ein Öhm kann dem routinierten Verführer entschlüpfen, der vor dem Kuss noch einmal das Atemspray Öhm benutzt. Ein Land macht auch Öhm, wenn es dauernd im Fußball verliert. Der nächste Bundeskanzler wird wohl oft Öhm machen müssen und vielleicht ist dieses hilflose Öhm die einzige glaubhafte Reaktion auf den Öhm Zustand unseres Landes.

Über den Dosenöffner

Ich glaube, ein Dosenöffner weiß gar nicht, was er so macht. Hauptsache, es geht rund:

Ich öffne, also bin ich. Dosenöffner wirken so, als wüßten sie, dass das Leben schwer zu knacken ist, aber zuviel Nachdenken darüber einen auch nicht weiter bringt.

Es kann tatsächlich sein, dass ein Dosenöffner dauernd unterfordert wird und trotzdem damit schon an seine Grenzen kommt.

Ich kannte mal einen Dosenöffner, der wollte unbedingt Korkenzieher werden, aber dazu fehlte ihm wirklich der Pep. Ein Korkenzieher macht wenigstens Plopp, wenn er mit der Arbeit fertig ist, aber ein Dosenöffner?

Ich meine, was macht denn einen Dosenöffner aus? Er dringt in geschlossene Systeme ein und erweitert dann diesen Ausschnitt für andere. Ich meine, aus solchen Handlangerdiensten kann man kein Selbstbewusstsein schöpfen. Im Gegenteil, der Blick hinter die Kulissen kann einem alle Illusionen nehmen.

Ich kenne Dosenöffner, die sind noch nicht mal praktisch veranlagt. Die haben zwei linke Hände und wüssten ohne Anleitung gar nicht, wo es langgeht. Ich saß mal bei einer Solingen-Stahl-Feier einem Dosenöffner gegenüber, der unterhielt sich den ganzen Abend ausschließlich mit einer Dose. Ich meine, ich kenne den Melittamann, meine Mutter war die zweite Preiträgerin im »Frau Antje aus Holland«-Doppelgängerwettbewerb und das, obwohl sie keinen Käse mag. Ich meine, ich kann meine Abende auch anders verbringen.

Wenn ich Dosenöffner wäre, ich würde alles eindosen lassen, was herumliegt. Natürlich steigt ein Ansehen mit dem Gebrauchswert. Was meinen Sie, was die Liebe von Kindern zu ihren Eltern ausmacht?

Der Dosenöffner ist immer der Erste, der eine Dose von oben betritt. Ich weiß nicht, was das mit einem macht. Die ersten Männer auf dem Mond litten danach an der

Endlichkeit der Erde und haben hier nie wieder richtig Fuß fassen können. Der Dosenöffner ist das Nashorn unter den Haushaltsgeräten, der ewig aufzeigende Klassenstreber.

Seitdem es immer mehr Dosen gibt, die am Deckel ihren eigenen Öffner haben, braucht man den Dosenöffner nur noch, wenn diese Öffnungslasche beim Öffnen abreißt, was aber in 80% der Öffnungsfälle vorkommt. Wissen Sie, das Dosenöffnen ist eine so unangenehme Angelegenheit, dass ich dabei nicht beobacht werden möchte. Wie peinlich, wenn man eine Dose vor sich hat, die nicht aufgeht. Man sollte sich einen Dosenöffner schenken lassen, damit einem die Qual seines Aussuchens erspart bleibt. Dosenöffner sollte es leihweise in Hausgemeinschaften geben, an einer für alle zugänglichen Stelle, vielleicht direkt neben dem Feuerlöscher.

In unserer Geschirrschublade hat der Dosenöffner noch nicht mal ein eigenes Fach und liegt dort zusammen mit dem Teesieb in der Krimskramsabteilung.

Es gibt Dosenöffner, die hängen einem am Herzen, weil sie einen begleitet haben, als es einem noch nicht so gut ging. Ich habe einen Dosenöffner, der stand mir zur Seite, als mein Chef mich besuchte und dann pikanterweise Rollmöpse essen wollte, die er auf meiner Anrichte in einer Dose gesehen hatte. Es ging um einen Job als Allrounder bei Greenpeace, da empfahl es sich, behutsam mit der Rollmopsdose umzugehen. Nicht unbedingt leicht, einem Dosenöffner solche Zwischentöne abzuringen. Ich hackte also »hack hack« auf diese Rollmopsdose ein, deren Inhalt noch nicht mal aus ausgewiesenen Fangzonen stammte, und fühlt mich wie in einer Alptraumdose, die ebenfalls gerade von einem Dosenöffner geknackt wird. »Halten Sie aus. Wir haben sie gleich aus dem Wagen befreit.«

Verstehen sie mich richtig, dies ist kein Abgesang des Dosenöffners, sondern eine Huldigung. Wenn es eine Welt gibt, in der Dosenöffner eine Daseinsberechtigung haben, dann in dieser Welt der Hohlräume und Zwischentöne. RTL II ist zum Beispiel eine Dose, Ulrich Wickert auch. Es ist gut, Außerirdischen mal etwas zeigen zu können, zu dessen Entwicklung kein Krieg vonnöten war. Der Dosenöffner ist nicht ein Abfallprodukt der Raumfahrtindustrie, sondern deren erste Einstieg- und Ausstieghilfe. Kennen Sie noch diese Deckelaufrollspieße für Ölsardinendosen, die nach dem komplizierten Aufdrehakt plötzlich aussahen, wie die Stützbalken des neuen Dachs beim Opernhaus in Sydney? Es ist kaum vorstellbar, wie schwer wir Menschen es uns mal gemacht haben. Jeder, der mal etwas angefangen hat, weiß, wie leicht es die ihm Nachfolgenden haben werden. Ein Freund von mir hat kürzlich meine erste Frau geheiratet, die war bei ihm längst nicht mehr so zickig. Aber so ist das, fünf Jahre habe ich den Knopf für die Lösung aller Probleme benutzt, bis ich endlich bemerkt habe, der ist ja kaputt.

Eines möchte ich aber klarstellen: ich bin der Dosenöffner, nicht er. Er könnte ohne mich noch nicht mal die Besteckschublade öffnen, in der er liegt. Ich bin Derrick, er ist Harry. Der Dosenöffner ist kein Präzisionswerkzeug, sondern ein modernisiertes Steinzeitwerkzeug. Sagen wir es mal klipp und klar: wenn es keine Dosen geben würde, bräuchten wir auch keinen Dosenöffner. Kein Wunder, dass er so wenig Eingang fand in Lied und Gedicht:

»Du Dosenöffner meines Herzens,
erschließe mir die Früchte Afrikas,
bring' mir die Tränen des Sommers,
auch wenn es Winter ist.«

Wie klingt denn das? Meine Frau hat mich »Dosenöffner« genannt, wenn ich besonders gehemmt war, aber ein Ziel damit verfolgte.

»Der goldene Dosenöffner geht in diesem Jahr an die Beratersendung: ›Dürfen Jäger Vegetarier sein?‹

Als Großmutter und Rotkäppchen aus dem Bauch des Wolfs befreit werden mussten, war dies nicht nur eine Sternstunde des Dosenöffners, sondern auch der Anfang der plastischen Chirurgie. Da entwickelt der Mensch eine Dose und dann bekommt er sie nicht auf. Typisch, wenn es der Möhre zu gut geht, besucht sie den Hasen. Entschuldigen Sie bitte die platten Vergleiche, aber wer sich Gedanken über einen Dosenöffner macht, muss selbst nicht ganz dicht sein. Inzwischen gibt es sogar Dosenöffner, die Frauen bedienen können und formschön sind. Ich kenne einen Dosenöffner, der musste den ganzen Tag Mettwurstdosen öffnen. Wenn der nachts alleine in der Spüle lag, träumte er von leicht abziehbaren Tupperwaredosendeckeln und hielt seinen wunden Stachel unter den tropfenden Wasserhahn.

Über eine Stimme

Wissen Sie, Ihr Gesang ist nicht zum Aushalten. Da möchte man nicht mitsummen. Haben Sie meinen Fuß wippen sehn? Ich bin da ganz direkt. Irgendwas stimmt da nicht.

Wissen Sie, so was wie Sie kann ich jeden Tag im Radio hören. Ihre Stimme hat nichts Eigenes. Mainstream. Bahnhofsdurchsagenquasselklang. Sie klingen wie ein erkälteter Roberto Blanco. Wie ein Seufzer von Bata Illic. Wie Christian Anders in der Waschanlage. Wie Dunja Raiter auf dem Pferd. Sie merken an den Vergleichen die Ausrichtung meiner musikalischen Vorlieben?

Sie sollten in der Badewanne singen. Vor dem Lagerfeuer. Auf der Kanzel. Gott verzeiht, das Publikum nie. Singen Sie vor Kindern. Singen Sie als Abschreckung, der pädagogische Bereich kann sehr geduldig sein.

Singen Sie Protestsongs. Ihre Stimme ließe sich mit einer Botschaft ertragen. Irgendwas mit: »Wir sind doch alle Menschen«, oder so. Natürlich sind wir alle Menschen oder so, aber müssen wir deswegen auch noch singen?

Wenn Sie wenigstens so aussehen würden, dass man Ihnen zuhören möchte. Ist Ihr Haar echt? Sind Ihre Augen von innen aufgemalt? Oder warum starren Sie mich so unverblümt an? Sie starren! Sehen Sie mich doppelt? Was ist mit Ihrem Dings da, Ihrem Dings da, Ihrer Nase los? Atmen Sie überhaupt? Ich höre Sie gar nicht atmen. Sie singen die ganze Zeit, als hielten Sie die Luft an.

Ich hatte Angst um Sie. Ich war froh, als es vorbei war. Es war unmöglich, Ihnen in Ruhe zuzuhören. Ich habe mir dabei die Fußnägel geschnitten.

Ihr Lied ist auch zu lang. In der Zeit hätte ich auch Ihnen die Fußnägel schneiden können. Verstehen Sie? Das kann nicht Sinn und Zweck eines Liedervortrags sein. Könnten Sie sich vorstellen so etwas zu singen wie:

»Mein Elefant rennt lachend durch den ALDI,
durchs Porzellanabteilungs-Paradies,

es schepperte zu der Musik: Vivaldi,
die er vergnügt auf seinem Rüssel blies.«

Verstehen Sie, wir könnten Sie in die Idiotenecke schieben. Lieder unter der Gürtellinie. Sie stehen dabei im Schlamm und haben nichts an. Sie singen und boxen dabei gegen ein Känguru. Wir stellen Sie vor 100 Senioren, und die blasen dabei Kamm auf ihren dritten Zähnen. Und das Ganze zeigen wir auf Video der Jugend. Geil.

Hallo! Sind Sie noch da? Ich spüre Sie gar nicht. Wo ist Ihre Ausstrahlung? Sie haben überhaupt keine Präsenz. Ihr schlechter Atem ist das Auffälligste an Ihnen. Zusammen mit Ihrer Stimme könnten Sie im Wachschutz tätig sein. Scherz beiseite. Ich sage es gar nicht gern. Sie sind so unverbindlich. Als wären Sie es gewohnt, zum Bierholen geschickt zu werden. Apropos. Wären Sie so nett? Den Rest können Sie behalten. Sagen Sie nicht »Danke«. Es reicht, wenn Sie nützlich sind.

Über ein Pupskissen

Paulines Pupskissen ist eine große Enttäuschung. Eigentlich erwartet man doch von einem Pupskissen, dass es pup macht und dann stinkt. Der Witz bei einem Pupskissen ist doch, das man es auf einen Stuhl legt und dann kommt Einer und setzt sich darauf und plötzlich macht es pup. Das ist doch der Witz, dass das Pupskissen so laut pup macht, dass der, der sich so ahnunglos darauf gesetzt hat, denkt, ihm wäre tatsächlich ein Pups entwichen und gleich stinkt es. Und die Eingeweihten, tobende Lachsäcke, kriegen sich kaum ein und gröhlen laut: »Hupt der Hintern wunderbar, kommt nach Winter auch Neujahr!«, oder was man sonst bei einer solchen Gelegenheit von sich gibt.

Meine Tochter hatte sich diese Zeitung gewünscht, auf der vorne mit einem Pupskissen geworben wurde. Es gibt immer mehr Zeitungen, die weniger mit ihrem Inhalt glänzen, als mit ihrem aufgeklebten eingeschweißten Ballast.

Natürlich sollte ein gut funktionierendes Pupskissen in keinem Haushalt fehlen, doch was uns dieses Pupskissen entgegenbrachte, war auf gut Deutsch gesagt, nicht wert, dass man es Furz nannte.

O.K., das Kissen gab Töne von sich, wie auch ein Saxofon irgendein Röcheln von sich gibt, wenn man es nur lang genug bearbeitet. Nur kamen diese Töne eher schüchtern und zaghaft und ich habe noch nie von einem sensiblen Pupskissen gehört, das sich diskret einen Spaß erlaubt. Es war ja nicht nur enttäuschend, dass es so leise herumpupte, sondern auch, dass man dafür dieses Pupskissen so wahnsinng oft mit dem Hintern besetzen musste, um wenigstens diesen zaghaften Ton hervorzulocken. Ich meine, da war dann nichts mehr, mit einfach hinsetzen und wirklich überrascht sein über ein peinliches Geräusch und denken, gleich stinkt es. Nur, wenn man ganz genau die linke Seite des Pupskissens anvisierte und diese dann ziemlich kurz entschlossen mit seiner rechten Pobacke mehrfach herunterdrückte, konnte man, wenn man es auch stimmlich unterstützte, ein schwaches Seufzen hören. Ich muss Ihnen ganz ehrlich sagen, meine Damen und Herren von der Pupskissenindustrie, so geht das nicht. Täglich werden Eltern und Erziehungsberechtigte überfordert, aus schlecht entwickelten und stümperhaft ausgeführten Pupskissen 1a Pupgeräusche zu holen. Sie können sich nicht vorstellen, wie demütigend es ist, sich auf ein selbst hingerücktes Pupskissen zu setzen und dann noch so zu tun, als wäre man aufgrund des Puptones überrascht, den man doch im Grunde mit erzeugt hat, und dies alles sowieso nur mitmacht, damit das Kind, der Sohn, die Tochter, die Geburtstagsgäste, die Kindergartengruppe, die Kinderwelt nicht entäuscht wird und nicht seinen Glauben verliert an die Pupskissen und die verlogene Pupskissenindustrie eines Landes, die sich sogar nicht scheut, auch noch die Eltern zu Handlangern ihrer rein aus Gewinnanhäufung erstellten Scherzartikel zu machen. Das ist nicht lustig. Ich sage Ihnen ganz ehrlich, ein Pupskissen sollte über jeden Verdacht erhaben sein. Ich erwarte von einem Pupskissen, dass es funktioniert. Himmel nochmal, es kann doch nicht so schwierig sein, ein Pupskissen herzustellen, welches dann auch wirklich pupt.

Natürlich kümmern sich seriöse Menschen, wie Polititker und Akademiker, eher um unlösbare Probleme wie die Arbeitslosigkeit oder die wachsende Unzufriedenheit unter den Menschen. Wie wäre es aber, ganz nebenbei in diesem konkreten Fall erstmal Abhilfe zu schaffen? Wie wäre es, erstmal dafür zu sorgen, dass ein Pupskissen wirklich pupt? Wie wäre es, sich einmal darum zu kümmern, dass Kartoffelpuffer auf dem Weihnachtsmarkt wirklich nach Kartoffelpuffer schmecken und nicht nach Holzwolle? Wäre es nicht ein Anfang, alles wieder schöner und ehrlicher zu gestalten, damit die Dinge für ihren Zweck taugen und man stolz ist, dafür verantwortlich gewesen zu sein? Ich bin Pupskissenkonstrukteur, und ich stehe mit meinem guten Namen dafür gerade, dass dieses Pupskissen wirklich pupt. Es ist die Arroganz der sogenannten Seriösen, die sich weigern, auf einem Pupskissen Platz zu nehmen und mitzuspielen. Ich weiß auch, es gibt Besseres, als sich für ein Pupskissen stark zu machen, aber Kinder und Betrunkene haben ein Recht auf Spaß und dass man mit ihnen spielt. Lassen Sie die Kinder entäuscht sein über Lehrer, über Politiker, über Stars, aber niemals über Pupskissen. Ich will Ihnen nicht drohen, werte Herren der Pupskissenindustrie, aber wenn sich diesbezüglich auf dem Pupskissenmarkt nichts ändert, dann mache ich ihn selber. Verstehen Sie, meine Damen und Herren? Dann mache ich diesen Pups einfach selber und dann in echt. Da weiß man doch, was man hat. Pup!

Über meinen Tagesablauf

1. Morgens stehe ich auf. In der Nacht davor kam ich an. Ich war auf irgendeinem Auftritt in irgendeiner Stadt und muss mich kurz orientieren, wo ich bin. Ich höre sehr oft schon am Herumgetobe unserer Meerschweinchen, wie das Wetter ist und welchen Tag wir haben. Im Augenblick überlege ich, ob ich mir gestern eine Gagenquittung für das Finanzamt habe ausstellen lassen. Im Schlafanzug finde ich noch meine Tankquittung, welch ein Glück. Den ersten starken Kaffee trinke ich durch fünf schwache. Ich trinke Kaffee gerne im Stehen und laufe dabei herum. Wenn ich abends keinen Auftritt habe, setze ich mich irgendwann an meine Triumph-Adler und schreibe. Wenn ich abends einen Auftritt habe, auch. Wenn ich nicht schreibe, würde ich gerne schreiben.

2. Manchmal fließt mir alles aus der Hand, manchmal quäle ich mich mit dem Üblichen. Kurz darauf schreibe ich einen privaten Brief an meine Lektorin. Es ist mir klar, dass ich meine Geschäftsmaschine zu privaten Zwecken benutzt habe. Es ist schwer, in meinem Beruf private Handlungen von geschäftlichen Aktivitäten auseinander zu halten. Ich kenne eine Kabarettistin, die spielt nur Tennis mit einem Fernsehredakteur, weil sie in seiner Show auftreten will. Kann sie die Tennisstunden voll absetzen?

3. Gegen zehn Uhr kommt die Post. Ich hoffe immer, dass dabei etwas Schönes ist, welches mein Leben mit einem Schlag verändern wird. Leider sind dies meistens nur die Meldungen vom Finanzamt, die eine neue Steuerprüfung ankündigen. Es ist schade, dass heutzutage nicht mehr so viele Briefe mit privaten Inhalten verschickt werden. Das Öffnen und Lesen eines Briefes hat etwas von Magie und entführt für Augenblicke an fremde Orte zu Menschen, die Zeit für einen hatten.

4. Nichts ist wichtig. Wichtig ist, dass alles nebenbei passiert. Ich atme auch nebenbei. Ich kann atmen ohne zu riechen, welches in vielerlei Hinsicht Vorteile hat. Ich habe mal eine Frau geküsst und dabei Fernsehen geschaut. Mit links kann ich schreiben, wenn ich mit rechts koche. Oft kann ich das nicht lesen, was ich mit links geschrieben habe und muss mir meinen eigenen Text ganz neu zusammensetzen. Oft kommt dabei etwas heraus, welches ich selber überraschend finde. Aber warum nicht? Alles geschieht nebenbei. Nebenbei wird auswendig gelernt und nebenbei am Klavier ein neues Lied geübt, ohne zu bemerken welches. Alles, was man ernst nimmt, hat es nicht verdient, Kunst genannt zu werden. Die Unschuld des Künstler macht es dem Finanzamt schwer, sein Tätigkeitsfeld abzustecken. Kann man Meerschweinchen beim Finanzamt absetzen, wenn sie einen morgens uneigennützig wecken?

5. Im Frühjahr soll eine neue Kinder-CD erscheinen, mein Tonmeister wartet schon im Studio und bereitet alles für die Aufnahmen vor. Wir nehmen oft erst in den Abendstunden auf, weil dann die Außengeräusche der Welt bescheidener sind und die Uhren langsamer gehen. Ich bin manchmal erstaunt, welche CDs man machen muss, um damit reich und berühmt zu werden. Wenn ich alle meine CDs gemacht habe, werde ich auch mal eine CD aufnehmen, mit der man reich und berühmt wird. Einmal möchte ich wirklich das Geld verdienen, welches ich nach Meinung des Finanzamtes schon jetzt versteuern muss.

6. Zwischendurch kommen Telefongespräche und Fahrten zu Bank und Kopierladen. Meine Agentur unterbreitet mir ein Angebot von einem berühmten Regisseur, der mit mir in Australien einen Film drehen will. Ich lehne ab, da ich in der Zeit einen Termin mit meinem Steuerberater habe. Die wöchentlichen Besprechungen mit dem Steuerberater gehören zu den wichtigsten Grundlagen meines Erfolges. Eine klare Auflistung von Ausgaben und Einnahmen erleichtern dem Finanzamt die Arbeit und sorgt rundum für zufriedene Gesichter.

7. Mein Tonmeister, der auch mein Fahrer ist, holt mich ab, wir fahren zu einem Auftrittsort. Staus und Unwetter überholen wir gelassen. Hausmeister und Veranstalter freuen sich über ein frühes Erscheinen. Die Bühne wird eingerichtet, das Licht eingestellt, die Lautsprecheranlage ausprobiert. Die Einlassmusik ertönt, das Publikum kommt, die Show beginnt. Im Publikum erkenne ich V-Leute, die dem Finanzamt nachher berichten müssen, ob ich in der Pause Bücher verkauft habe und ob es dazu Strichlisten gab.

8. Nach einem Auftritt rechnet mein Tonmeister, der nicht nur mein Fahrer, sondern auch mein Roadmanager ist, mit dem Veranstalter ab. Meistens fahren wir danach nach Hause und übernachten nicht in einem Hotel, um unter einem Paderborner Himmel aufwachen zu dürfen.

9. Zum Glück ist nichts wichtig, zum Glück passiert alles nebenbei. Es wird schwer sein, davon das Finanzamt zu überzeugen. Kann ich eigentlich mein Betrinken, welches ich über mich ergehen lassen muss, weil ich sonst zu oft an das Finanzamt denke, von der Steuer absetzen? Ich muss diesbezüglich unbedingt meinen Tonmeister, der auch mein Fahrer, der sogar mein Roadmanager und praktischerweise auch mein Steuerberater ist, kontaktieren.

10. Ziel ist es nicht nur, nebenbei etwas zu tun, sondern auch dieses nebenbei etwas zu tun nicht mehr zu tun (auch nicht nebenbei). Im totalen Nichts entsteht die größte Veränderung. Zum Beispiel fiele man so aus dem Einzugsbereich einer Steuerprüfungsbehörde. In der Nacht gehe ich schlafen und hoffe, nicht vom Finanzamt zu träumen und wenn, dann nur Gutes.

Über das Fegen in großen Räumen

Das Fegen in großen Räumen,
das lädt so schön ein zum Träumen.
Gedanken entlauben beim Stauben
und schmecken so süßlich wie Trauben,
So schieben wir unsere Besen
nach neuesten Entspannungsthesen,
vergleichbar mit dem Meditieren,
sich hier und im Jetzt zu verlieren.
Das Fegen in großen Räumen
das lädt so schön ein zum Träumen.
Ein Gleiten, ein Schieben, ein Wischen,
ein Suchen, Versammeln, Vermischen.
Das Fegen ist so prophylaktisch,
poetisch, politisch und praktisch.
Entstäuberin und auch Entstauber
entspannen sich, fühlen sich sauber.
Das Fegen in großen Räumen,
das lässt so verführerisch träumen.
Katharsis von Raum und von Seele,
als wenn auch das »Sein« sich vermähle.
Oh guter, mein lieber, mein Besen,
einmal ist wohl alles gewesen.
Dann fliehen wir der Lebensfliese
und putzen das Paradiese.

für Gogo

Über Erwin Grosche

25.11.1955 Geburtsdatum, Geburtsort: Anröchte / Berge

Film- und Fernsehproduktionen

1987	ZDF: Blinde Leidenschaft. Spielfilm. Regie: Sven Severin
1995	ARD: Keiner liebt mich. Spielfilm. Regie: Doris Dörrie
1995	ARD: Der schönste Tag im Leben. Spielfilm. Regie: Jo Baier
1999	Jahrestage. Spielfilm. Regie: Margarete von Trotta
2000	Und das ist erst der Anfang. Spielfilm. Regie: Pierre Franckh
2001	NDR: Tatort. Spielfilm. Regie: Thomas Jauch
2002	WDR: Sendung mit der Maus. Spielfilm. Regie: Inka Friese
u. a.	

Tonaufnahmen und CDs

1998	Wenn ich König bin. Das Schönste Teil 1. Pendragon, Bielefeld (CD)
2001	Engelchens Weihnachtslexikon. Patmos, Düsseldorf (CD / MC)
2001	Der Rasenmäher. Das Schönste Teil 2. Pendragon, Bielefeld (CD)
2001	GERMANIA, Tacitus. Patmos, Düsseldorf (CD / MC)
2002	Der Badewannenkapitän. Patmos, Düsseldorf (CD / MC)
2003	Du bist mein Liebling. Patmos, Düsseldorf (CD / MC)
2003	Das große Lalula, C. Morgenstern. Patmos, Düsseldorf (CD)
u.a.	

Kleinkunst- und Theaterproduktionen

1983 Manche Gegenstände sind humorlos. Kabarett.
1992 Zimmer 7 meldet sich nicht mehr. Kabarett-Theater.
1996 Pepita – Die Mode geht, Pepita bleibt. Von und mit Erwin und Heiko Grosche.
1998 Dem Tiger die Stirn bieten. Ein Sommerstück.
2001 Herr Helsinki will nicht Hauptstadt werden. Ein Winterstück.
2003 Das große Lalula – ein Christian Morgensternabend. Szenische Lesung mit Erwin und Heiko Grosche.
2004 Warmduscher-Report – Poetische Sonderbarkeiten aus 25 Jahren
u.a.

Bücher

1989 Über das Abrichten von Grashüpfern. Kleinstadtgeschichten. Igel-Verlag, Paderborn
1993 Alle Gabelstaplerfahrer stapeln hoch. Kriminalroman. Igel-Verlag, Paderborn
1996 Mensch Bommel. Kerle Verlag, Wien
1998 Das Schönste überhaupt. Liebesgeschichten. dtv junior, München
1999 Auf leisen Sohlen – Paulines Traumbuch. dtv junior, München
2000 Engelchens Weihnachtslexikon. dtv junior, München
2001 Die Saubande. dtv junior, München
2001 Lob der Provinz. dtv, München
2002 Du machst mich froh – Das große Buch der Kindergebete. Gabriel-Verlag, Stuttgart
2002 Herr Herbstein und die bravsten Kinder der Welt. Ravensburger Buchverlag, Ravensburg
2002 Der Badewannenkapitän. dtv junior, München
2003 Der Warmduscher-Report. Ardey-Verlag, Münster
u.a.

Auszeichnungen

1986 Kulturpreis der Freimaurer Johannisloge Zum leuchtenden Schwerdt
1996 Prix Pantheon, Auszeichnung für das Gesamtwerk, Bonn
1999 Deutscher Kleinkunstpreis, Mainz
1999 Morenhover Lupe, Swisstal
1999 Knurrhahn, Publikumspreis, Wilhelmshaven
2000 Paderborner Kulturpreis, Paderborn
2003 Der Gaul von Niedersachsen, Hannover
u.a.

Über Anmerkungen

Anmerkungen versammeln die letzten Botschaften an die Leser. Alles, was unter die Anmerkungen fällt, passt sonst nirgendwo hin. Hier sind nun meine Anmerkungen:

1) Den Vortrag Über die Geige schrieb ich zusammen mit der wundervollen Gertrud Pigor.
2) Die Aufsätze Über Paderborn und Über Balkone glänzten zuerst in der Süddeutschen Zeitung auf der Reiseseite. Sie erscheinen mit freundlicher Genehmigung der Süddeutschen Zeitung.
3) Die Geschichten Über das Abrichten von Grashüpfern und Über Busse standen in etwas anderen Fassungen in dem leider vergriffenen Buch: Über das Abrichten von Grashüpfern (Igel-Verlag).
4) Einige dieser Ausführungen waren zuerst im Westfalenspiegel veröffentlicht.
5) Die Fotos im Buch stammen von Markus Runte und sind eine kleine Auswahl der Aufnahmen, die anlässlich der Ausstellung im Stadtmuseum: Eine Woche mit dem Paderborner … Erwin Grosche geknipst worden sind.
6) Das Titelfoto schoss Harald Morsch. Harald nennt auch das darauf abgebildete Badezimmer sein eigen und ließ mich darin warmduschen. Danke!
7) Ich bedanke mich bei Maria Rutenfranz, Sophia Marzolff, Anne Schieckel, Julika Jänicke, Hans-Joachim Gelberg, Birgit Macke, Konrad Beikircher, Ulrieke Ruwisch, Herrn Rödel, Michael M. Schardt, Tina Teubner, Katharina Ebinger, Uwe Römhild, Dagmar Geisler, Inka Friese, Walter Gödden, Karin Lorenz, Günther Butkus, Claudia Schweser, Ingrid Weixelbaumer und und und und …

Umschlagbild: Harald Morsch
Bilder des Innenteils: Markus Runte

Das Buch ist in der neuen Rechtschreibung gesetzt.
Die Interpunktion folgt der alten Rechtschreibung.

Bibliografische Information Der Deutschen Bibliothek
Die Deutsche Bibliothek verzeichnet diese Publikation in der Deutschen Nationalbibliografie; detaillierte bibliografische Daten sind im Internet unter http://dnb.ddb.de abrufbar.

ISBN 3-87023-250-1

Printed in the Netherlands.
Gedruckt auf alterungsbeständigem Papier.